李嘉诚的管 王永庆的营

LIJIACHENGDEGUAN
WANGYONGQINGDEYING

章小谦⊙编著

廣東旅游出版社
GUANGDONG TRAVEL & TOURISM PRESS
悦读书·悦旅行·悦享人生

图书在版编目（CIP）数据

李嘉诚的管，王永庆的营 / 章小谦编著. —广州：广东旅游出版社，2014. 1

ISBN 978-7-80766-747-6

Ⅰ. ①李… Ⅱ. ①章… Ⅲ. ①李嘉诚－企业管理－经验②王永庆（1916-2008）－商业经营－经验Ⅳ. ①F279.23②F715

中国版本图书馆CIP数据核字（2013）第302007号

责任编辑：陈晓芬
封面设计：李尘工作室
责任技编：刘振华

广东旅游出版社出版发行
（广州市越秀区先烈中路76号中侨大厦22D、E单元　　邮编：510075）
北京紫瑞利印刷有限公司
（地址：北京市海淀区上庄路58号）
广东旅游出版社图书网
www.tourpress.cn
联系电话：020-87348243
710毫米×1000毫米　16开　16印张　210千字
2014年1月第1版第1次印刷
定价：36.00元

序　言

“管理要学李嘉诚，经商要学王永庆”这句广泛流传于商界的话，将一个商界“超人”李嘉诚和“经营之神”王永庆在世界华人圈中的地位深刻地揭示了出来。他们作为现代商业史上的两个传奇人物，既是闪耀在商界的双子星座，也是后人的创业楷模。

他们之所以能够取得如此大的成就，一方面是因为他们的辛勤工作和努力付出，另一方面在于他们拥有一套适合自身和企业发展的经营管理的方法，这才能让他们从芸芸众生中脱颖而出，成就其巨大的成功并成为后人的楷模。他们的方法看起来虽然很平常，但是他们灵活运用，将这些方法运用到了极致，让这些方法充分为企业服务，所以企业才得以不断发展。这些方法揭示了一个企业想要做大做强必须要走的路径，也从另一个角度揭示了他们为人处世的原则。

与人为善。李嘉诚一直把建立良好的人脉关系奉为自己的圭臬，他深明做人的道理，以诚待人，与人为善，重情重义，事事为他人考虑，为他人着想，这让他拥有了一般人所无法拥有的人缘，也为他事业的成功奠定了扎实的基础。

人尽其才。事业发展靠人才。人才是一个企业最重要的资源，也是一个人成事最重要的基础。只要集众人之长，采众人之优，就能做到无所不能，百战百胜。李嘉诚是知人善任的用人高手，他把人才当作第一资源，敢于根据事业的需要启用新人，做到量才而用、各尽所能，并能以良好的待遇留住人才，这使得他周围聚集了一大批志同道合、才华横

溢的商界英才。

决胜千里。眼界决定成败。要想获得成功，就一定要有过人的眼光，把握机会，做人之所未做，行人之所未行。李嘉诚拥有独到的眼光，这使得他能够审时度势，把握住市场的脉搏，并能先想一着，先走一步，通过运筹帷幄来处处占领先机，从而让他在复杂多变、竞争激烈的当代社会中脱颖而出，不断地从一个成功走向下一个成功。

互惠互利。合作双赢为永恒之道。利益对人的行为有着最为持续和强烈的激励作用，要想使合作行为持久地维持下去，就必须兼顾好各方的利益，让大家都有利可图。李嘉诚是一位使用合作互惠的高手，他始终讲究一个“和”字，处处从他人的利益出发，坚持“利益共沾”的原则，主张让利于人和不占他人便宜，这使他与别人能够长久地合作下去，在别人得利的同时自己也得到了应有的利益，实现了自身事业的长足发展。

我们要相信，成功是可以复制的。把握了这些经营管理的方法，结合自身的实际加以实践运用，相信我们的事业肯定会发展得越来越好，我们的梦想一定会实现，我们的人生一定会越来越精彩！

上篇　李嘉诚的管，管理当学李嘉诚

“管”一
与人为善之智

李嘉诚一直把建立良好的人脉关系奉为自己的圭臬，他深明做人的道理，以诚待人，与人为善，重情重义，事事为他人考虑，为他人着想，这让他拥有了一般人所无法拥有的人缘，也为他事业的成功奠定了扎实的基础。

“管”二
人尽其才之诀

事业发展靠人才。人才是一个企业最重要的资源，也是一个人成事最重要的基础。只要集众人之长，采众人之优，就能做到无所不能，百战百胜。李嘉诚是知人善任的用人高手，他把人才当成第一资源，敢于根据事业的需要启用新人，做到量才而用、各尽所能，并能以良好的待遇留住人才，这使得他周围聚集了一大批志同道合、才华横溢的商界英才。

“管”三 决胜千里之法

眼界决定成败。要想获得成功，就一定要有过人的眼光，把握机会，做人之所未做，行人之所未行。李嘉诚拥有独到的眼光，这使得他能够审时度势，把握住市场的脉搏，并能先想一着，先走一步，通过运筹帷幄来处处占领先机，从而让他在复杂多变、竞争激烈的当代社会中脱颖而出，不断地从一个成功走向下一个成功。

“管”四 互惠互利之道

合作双赢为永恒之道。利益对人的行为有着最为持续和强烈的激励作用，要想使合作行为持久地维持下去，就必须兼顾好各方的利益，让大家都有利可图。李嘉诚是一位使用合作互惠的高手，他始终讲究一个“和”字，处处从他人的利益出发，坚持“利益共沾”的原则，主张让利于人和不占他人便宜，这使他与别人能够长久地合作下去，在别人得利的同时自己也得到了应有的利益，实现了自身事业的长足发展。

“管”五 长袖善舞之要

资本运作才能创造财富的神话。资本运作是一项复杂的智慧活动，不是一般意义上的加减乘除，而是需要高超的运作能力，去巧妙地进行运筹，以一搏十，让自己的投资得以增值。李嘉诚对于资本运作可谓是长袖善舞，他能准确地把握市场的脉搏，巧妙地进行投资以及融资，做到有利则进，无利则退，并以大手笔赢得了大收益，这是他打造财富神话的不二法门。

“管”六 自我推销之术

推销无处不在。做商业是在推销自己的产品，做人就是在推销自己的实力。只有学会推销自己，才可以取信于人，获取做人的成功；只有学会推销自己的产品，才能把自己的产品卖出去，获得商业的成功。李嘉诚是一个精妙推销的高手，他一方面善于精心树立自己的良好形象，打造自己的品牌，另一方面又善于精心推销产品，让产品自己说话，并且把推销自己与推销产品完美地结合到一起，借推销自己来推销产品，这是他商业成功的一大秘诀。

下篇　王永庆的营，经营当学王永庆

"营"一
客户第一之规

客户就是上帝。没有客户就是没有市场，没有客户的市场需求就没有企业存在的价值，只有不断地了解和满足客户的需求，给客户提供合适的产品和服务，才能让企业得以存在和长久发展。王永庆一直奉"客户至上"为宗旨，高度重视客户管理，提出兼顾客户利益和缓解客户困难的主张，要求业务人员千方百计满足客户需求，达到企业和客户的双赢，这是他之所以百战不殆的必杀技。

"营"二
善于用人之道

人才永远是事业发展的最大资本，用好人则是事业成功的最佳保证。谁占有人才，谁就会成为强者；谁用好了人才，谁的事业就会蒸蒸日上。王永庆是一个精明用人的高手，他善于挖掘人才，集聚人才，知人善用，人尽其才，针对不同的人，采用不同的方法，将人们的积极性充分地激发出来，为其事业发展提供源源不断的强大动力。

“营”三
关系维护之妙

经营关系就是在经营成功。人生在世，没有谁可以单打独斗成就一番事业，都需用结交各种人际关系，以利用其中的资源，帮助自己抓住各种机会，战胜各种困难来壮大发展自身的力量。纵观王永庆的事业发展过程，他建立的人际关系起到了非常关键的作用。从早期踏入塑胶工业和后来台塑的发展过程中，他通过经营各种关系，使自己涉险不惊并勇渡难关，让自己的事业得以顺利发展。

“营”四
吃苦耐劳之功

不经一番寒彻骨，哪得梅花扑鼻香。世上没有免费的午餐，没有付出就没有收获，要想获得比常人更多的成就，就必须付出比常人更多的汗水。王永庆拥有常人所没有的吃苦耐劳之精神，他由此还提出了著名的“瘦鹅理论”，指出要想成功，需要学习瘦鹅那样的忍耐力和面对困境时的坚毅态度，刻苦耐劳，这样方可渡过难关，踏上人生的坦途。

“营”五 物美价廉之招

物美价廉最具竞争力。降低成本，是一条众人皆知的企业经营道理，但很多人用不好，也不在乎，而王永庆却能运用自如，将其发挥得淋漓尽致，成为他的发财之宝与看家本领。王永庆降低成本的本事，连世界级管理大师都为之惊叹，望尘莫及。正是坚持物美价廉这个信念，王永庆孜孜不倦地追求效率，千方百计地降低成本，终能积少成多，溪流成河，使自己的企业从一个小米行变为一个塑胶王国。“物美价廉”，这一最简单、最普通的生活哲理却成为了王永庆事业成功的法宝。

“营”六 止于至善之慧

如果要用一个词来概括王永庆的一生，“止于至善”最为合适不过。正是对于内心完美的不懈追求，才成就了足以让台湾乃至中国为之骄傲的台塑基业，才成就了影响台湾企业家至今并将持续影响下去的“经营之神”，更是留下了充满智慧光芒的管理和经营理念，这些理念仍旧在为我们提供着源源不断的精神营养。

上篇　李嘉诚的管，管理当学李嘉诚

“管”一

与人为善之智

李嘉诚一直把建立良好的人脉关系奉为自己的圭臬，他深明做人的道理，以诚待人，与人为善，重情重义，事事为他人考虑，为他人着想，这让他拥有了一般人所无法拥有的人缘，也为他事业的成功奠定了扎实的基础。

懂得做人的道理

李嘉诚语录：世界上每一个人都精明，要令人信服并和你交往，那才最重要。

一个只读完初中的人，一个茶楼里小小的跑堂，一个五金厂普通的推销员，经过短短几年的奋斗，竟然成为香港商界的风云人物，乃至风光无限的香港首富。这听起来有点像天方夜谭，却是不折不扣的事实，创造这一商业神话的人便是被誉为香港超人的李嘉诚。

关于李嘉诚，香港某报曾有如下评价：“李嘉诚发迹的经过，其实是一个典型青年奋斗成功的励志故事，一个年轻小伙子，赤手空拳，凭着一股干劲儿勤俭好学，刻苦耐劳，创立出自己的事业王国。”不过，李嘉诚自己认为，他事业有成的真正原因是“懂得做人的道理”，他曾不止一次对亲友面授机宜：“要想在商业上取得成功，首先要懂得做人的道理，因为世情才是大学问。世界上每个人都精明，要令人家信服并喜欢和你交往，那才是最重要的。”

看来，做一名成功的商人，有一个精明的头脑还远远不够，还必须在做人处世方面有过人之处。事实上，李嘉诚的勤勉、节俭、朴实、坦诚以及他的善待他人（包括竞争对手），为他的事业王国奠定了坚实基础。

“别人做8小时，我就做16个小时，起初别无他法，只能以勤补拙”。李嘉诚13岁丧父，从此，他不得不告别学业，过早挑起家庭的重担。他的第一份工作，是在一家小茶楼当跑堂的。每天，他起早摸黑地侍候客人——倒茶、扫地、擦桌子，忙得不可开交。尽管如此，他于每天工

作间隙，还细心观察学习别人如何做生意，如何接待主顾，如何成交。

这段艰辛的打工经历，使他变得勤快能干，也使他具备了察言观色的高超本领，所有这一切对他日后从事的推销工作都大有裨益。

没有吃苦耐劳的精神，是做不好推销工作的。刚开始做推销工作，李嘉诚因没有经验而屡屡碰壁。为了做得比别人更出色，他只能“以勤补拙”。那段时间，他每天都要背一个装有商品的大包，挨家挨户地推销产品。在茶楼打工时，他就善于揣摩陌生人的心理，现在做推销，他的这一特长便有了用武之地。

正是凭着自己的勤劳、机敏以及对用户心理的准确把握，李嘉诚做推销的第一年就业绩骄人——年终统计，他的销售额是公司第二名的七倍。

商海之战充满血腥，但这并不是说每个商人都得奸诈投机，以赚钱为唯一目的。后来自立门户的李嘉诚就是一位以诚信为原则，胸中自有公道的商人。他有一句名言：“最聪明的商人不是只看到手中的钱，而是想尽办法以做人为头等大事。”正是坚守做人与处世的原则，李嘉诚在商界赢得了良好的口碑，赢得了同行、同业、同仁对他的尊重和爱戴。甚至他的商业竞争对手，也常常不得不由衷地敬佩他。而这些，恰恰是生意人赖以生存发展的最宝贵的资源。

在李嘉诚创办的塑胶厂刚开始生产塑胶花时，曾有一位外商希望大量订货。为确信李嘉诚有供货能力，外商提出须有富裕的厂家作担保。李嘉诚白手起家，没有背景，他跑了几天，磨破了嘴皮子，也没人愿意为他作担保，无奈之下，李嘉诚只得对外商如实相告。他的诚实感动了对方，外商对他说：“从您坦白之言中可以看出，您是一位诚实君子。诚信乃做人之道，亦是经营之本，不必用其他厂商作保了，现在我们就签合约吧。”没想到李嘉诚却拒绝了对方的好意，他对外商说：“先生，能受到您如此的信任，我不胜荣幸！可是，因为资金有限得很，一时无法完成您这么多的订货。所以，我还是很遗憾地不能与您签约。”

李嘉诚这番实话使外商内心大受震动，他没想到，在“无商不奸、无奸不商”的说法为人们所广泛接受的今天，竟然还有这样一位“出淤泥而不染”的诚实君子。于是，外商决定，即使冒再大的风险，他也要与这位具有罕见诚实品德的人合作一把。李嘉诚值得他破一回例，他对李嘉诚说：“您是一个令人尊敬的可信赖之人。为此，我预付货款，以便为您扩大生产提供资金。”

外商的鼎力相助，使得李嘉诚既扩大了生产规模，又拓宽了销路，李嘉诚从此成为香港塑胶花大王。通过这件事，李嘉诚悟出了一个道理：坦诚乃生命之重，也是生意场上必须坚持的金科玉律。

李嘉诚曾说：“一个人最要紧的是，要有中国人的勤劳、节俭的美德。最要紧的是你自己节省，对人却要慷慨，这是我的想法。顾信用，够朋友，这么多年来，差不多到今天为止，任何一个国家的人，任何一个省份的中国人，跟我合作之后都能成为好朋友，从来没有为某件事闹过不开心，这一点我是引以为荣的。”

没有诚心，朋友会离你远去；没有诚意，客户会对你敬而远之。俗话说，商场如战场，而李嘉诚正是凭自己的“诚”立于不败之地。一个“诚”字，是其做人处世的宗旨，也是其事业辉煌的秘诀。

人是世界的主人，也是财富的主人。依靠高人一筹的生意手腕、精明的用人方法、精湛的业务技能等，固然可以在商界出人头地，取得骄人的业绩；但是要成就伟大的事业，成为被世人广泛承认、崇拜以至景仰的人物，还要靠杰出的素质能力、优秀的思想品质以及高尚的人格魅力。李嘉诚和那些成功企业家教给了我们许多，而这些是我们最应学习和借鉴的。

善待他人，广结善缘

李嘉诚语录：以德服人，广交朋友，广结善缘才能把生意越做越大。

俗话说：“在家靠父母，出门靠朋友。”

商场上，人缘和朋友显得尤其重要。善待他人，利益均沾是生意场上交朋友的前提，诚实和信誉是交朋友的保证。就像在积累财富上创造了奇迹一样，李嘉诚的人缘之佳在险恶的商场上同样创造了奇迹。李嘉诚生意场上的朋友多如繁星，几乎每一个与他有过一面之交的人，都会成为他的朋友。

加拿大名记者John Demont对李嘉诚的为人也赞不绝口：“李嘉诚这个人不简单。如果有摄影师想为他造型摄像，他是乐于听任摆布的。他会把手放在大地球模型上，侧身向前摆个姿势……他不摆架子，容易相处而又无拘无束。他可以从启德机场载一个陌生人到市区，没有顾虑到个人的安全问题。他甚至亲自为客人打开车尾箱，让司机安坐在驾驶座上。后来大家上了车，他对汽车的冷气、客人的住宿，都关心周到，他坚持要打电话到希尔顿酒店问清楚房间预订好了没有，当然，这间世界一流酒店也是他名下的产业。”

下面的故事更能说明问题：

1991年秋，李嘉诚收到一位英国丁姓华侨的来信。这位华侨在信中说自己和朋友已经到了山穷水尽、万念俱灰的处境。李嘉诚日理万机，平时连一些重大的应酬都无法对应，他却亲笔复信，以诚挚的态度为他“指点迷津”：

“丁先生：人生起伏无常，尤其从事商业。穷人易做，穷生意难做。

所以你们现在面临的困难，只是数千年来亿万生意人曾经面对的苦痛的一部分。但如果明白大富在天，小富在人，如果肯勤俭有效力地面对现实，尽心经营，则俗话所说：‘山穷水尽疑无路，柳暗花明又一村。’说不定不久你们又有一个好和新的局面。即使一切都不如意，退一步想，则海阔天空。以今日英国的工资水平，最大不了的也就是多找一份职业，生活应绝对无问题。留得青山在，不怕没柴烧，送上英镑500，请你俩一顿晚餐。想想明天会更好！想想世界上有多少更苦的人！”

李嘉诚的为人宽厚，善待他人还反映在他为老家族人扩建祖屋这件事上。

1979年李嘉诚为家乡乡亲们捐建了14栋“群众公寓”。筹建“群众公寓”时，家乡政府部门提出“优先安排其亲属入居”的建议，李嘉诚坚决反对，他在给家乡的信中说：“本人深觉款项捐出，即属公有，不欲以一己之关系妨碍公平分配。”

由于在海外漂泊了四十余年，李嘉诚十分怀念自己出生的祖屋，于是决定重修祖屋。在修复祖屋的问题上，李嘉诚小心谨慎的态度，以大局为重的处理方法无不体现出他的过人之处。平心而论，极富爱心、孝心的李嘉诚，何尝不希望有一个优雅的居住环境，修复一座宽大舒适的祖屋，一则解决族人的居住问题，也能节省“群众公寓”之分配单位，更多地安排其他缺房户；二则聊表他慎终追远先祖之微愿。

并且，家族内也有亲属提出原有祖屋面积过于窄小，族人居住多有不便，强调这样的祖屋既与李嘉诚今日在香港之显赫地位不相称，又无法更完美地纪念李氏先祖之功德，纷纷希望扩大祖屋原有的面积。

潮州市市政府对李嘉诚祖屋的修复十分重视，积极配合与支持李嘉诚祖屋的扩建工作。居住在面线巷左邻右舍的乡亲们，十分感动于李嘉诚捐建“群众公寓”的同时，并不安排族人入居，觉得扩建祖屋在情理之中，对这件事纷纷表示理解与合作。人们从心理上乃至行动上都做好了搬迁让

地的准备。

在狭小悠长的面线巷，收拾行囊准备搬迁的众乡亲们只等候着李嘉诚的一声令下。

然而李嘉诚并没有这样做。

这是一次“德”与“孝”的冲撞。

从小饱读儒家经典，择先贤德善而处世为人的李嘉诚，对这个问题考虑得更全面、更深远，他不论贫穷或富有时，都十分注重陶冶自己的情操，不断完善自己。

在认真思考之后，李嘉诚决定不扩大面积。他打算就在原有面积的基础上建造一栋四层楼房，以供族人居住。他向那些深表疑惑的亲属解释说：

“虽然目前要拿多少钱，扩充多大的面积都不是问题。但是要想一想，这样做的后果必然会影响到左邻右舍的切身利益，我们不能拿乡亲们的祖屋来扩充自己的祖屋，绝对不可以以富压人，招致日后被人指责。”李嘉诚的这一行为让人感动之余又给他自己带来了极高的声誉。

你想一个品德如此高尚的人，别人怎么会不愿意跟他合作呢?李嘉诚在生意场上只有对手而没有敌人，可以说是在情理之中。想一想李嘉诚这句箴言：“人要去求生意就比较难，生意跑来找你，你就容易做。”那如何才能让生意来找你?那就要靠朋友。“千里难寻是朋友，朋友多了路好走……”

人是社会关系的总和，与他人有着千丝万缕的联系，不管在哪儿，朋友和人缘都十分重要。所谓“一个篱笆三个桩，一个好汉三个帮”，一个人只有尽己所能，善待他人，广交朋友才能使自己在事业上如鱼得水，在生活中左右逢“缘”。

真心结交朋友做事业

李嘉诚语录：朋友取之不尽，用之不竭，你对别人好，别人对你好也是很自然的。世界上任何人都可以成为你事业中的核心人物。

一个人要成就一番事业，就必须有得力的人才辅佐。而一个企业的发展，不仅需要企业内部人员的齐心协力，还需要得到企业外部人士的支持和帮助。李嘉诚自幼就曾听父亲讲过战国时代孟尝君的故事，孟尝君成就大事，得“客卿”相助是最重要的原因之一。

李嘉诚在事业逐步发展，缔造商业帝国的过程中，其用人之法也颇有些孟尝君的风范。他以自己的信誉和重用人才的作风吸引了许多“客卿”来为他出谋划策，鼎力相助，甚至不图报酬者也比比皆是。

他能有后来的辉煌，“客卿”功不可没。

“客卿”之中，数大牌律师李业广与当红股票经纪杜辉廉两人的影响最大。其中，李业广是“胡关李罗”律师行合伙人之一。李业广还持有英联邦的会计师执照，是位“两栖”专业人士，在业界声誉很高。

人们都说李业广是李嘉诚的“御用律师”。李嘉诚则说：“不好这么讲，李业广先生可是行内的顶尖人物，我可没有这个本事独包下他。”

当时的李业广身兼香港二十多家上市公司律师职位，而这些公司的市值总和已超过了全港上市公司总额的1/4。此外，李业广还是许多商界富豪的高参。

李嘉诚是一位彻底的务实派人士，他邀李业广进董事局，绝对不是拉虎皮做大旗，虚张声势。

李嘉诚之所以重用李业广，是因为敬重李业广的博识韬略。

其实，李业广也并非那种见钱眼开、唯利是图的人。李业广做事一贯甘处幕后，保持低调。直到1991年，李业广出任香港证券联合交易所董事局主席后，才一鸣惊人。虽然一般的大亨很难请得动他，但只要是他敬重的人，没钱他也会鼎力相助。

而李嘉诚正是李业广所敬重的人物。因此，长江实业的不少扩张计划，都是两李“合谋”之杰作。长实上市之初，李业广便是首届董事会董事；长实扩张之后，李业广又是长实全系所有上市公司的董事。仅此一点，足见两人的关系非同寻常。

杜辉廉也是曾为李嘉诚的事业出过大力气的一个“客卿”。

杜辉廉是一个英国人，出身伦敦证券经纪行，是一位证券专家。20世纪70年代，英国唯高达证券公司来港发展，委任杜辉廉为驻港代表。在业务往来中他与李嘉诚结下了不解之缘。

1984年，唯高达被万国宝通银行购并，杜辉廉随之参与万国宝通国际的证券业务。

杜辉廉是长实多次股市收购战的高参，并实际操办了长实及李嘉诚家族的股票买卖，因而被业界称为“李嘉诚的股票经纪”。

但杜辉廉并不是李嘉诚属下公司的董事，他多次谢绝李嘉诚邀请他担任长实董事的好意，是众“客卿”中唯一不拿薪水的。但他绝不因为未拿薪水，而拒绝参与长实系股权结构、股市集资、股票投资的决策，这让重情重义的李嘉诚一直觉得欠他一份重情，总想着寻机报答他。

机会终于来了。1988年年底，杜辉廉与他的好友梁伯韬共创百富勤融资公司，李嘉诚当即决定帮助百富勤公司，以报杜辉廉相助之恩。

杜梁二人各占百富勤公司35%的股份，其余股份，由李嘉诚包括他在内的18路商界巨头参股，如长实系的和黄，中资的中信、越秀等。这些商

界巨头也得到过杜辉廉的帮助，所以接到李嘉诚的邀请后，便饮然允诺。他们都和李嘉诚一样不入局，不参政，目的仅在于助其实力，壮其声威。

在18路商界巨头的大力协助下，百富勤发展势头迅猛，先后收购了广生行与泰盛，还分拆出另一家公司——百富勤证券。杜辉廉任这两家公司主席。到1992年，该集团年盈利已达到了668亿港元。

当百富勤集团成为商界小巨人后，李嘉诚等巨商主动摊薄自己所持的股份。其目的是再明显不过了，那就是好让杜梁两人的持股量达到绝对的“安全”线。

李嘉诚对百富勤的投资，完全出于非盈利目的，他之所以这样做，完全是为了报杜辉廉之恩。

尽管李嘉诚并不想从百富勤赚得一分一厘，但李嘉诚持有5%的百富勤股份，仍为他带来了大笔红利。这是因为百富勤发展迅速，是市场备受宠爱的热门股，他不想赚钱也得赚钱了。

20世纪90年代，李嘉诚与中资公司的多次合作（借壳上市、售股集资），基本上都是请百富勤担当财务顾问，身兼两家上市公司主席的杜辉廉，仍忠诚不渝地充当李嘉诚的智囊。

因为有证券专家杜辉廉的鼎力相助，李嘉诚在股市上更是如虎添翼，挥洒自如，甚至对股市形成了强大的左右力。

李嘉诚最辉煌的战绩在股市，最能显示其超人智慧的场所也是在股市。而被称为“李嘉诚的股票经纪”的杜辉廉，在其中起了不可估量的作用。

李嘉诚的投桃报李、知恩图报，又使杜辉廉更加专心致志地回报李嘉诚，一心一意充当李嘉诚的“客卿”。

李嘉诚就是这样，无论是自己用人，还是求助他人，都特别看重其品质和才干。因为德才兼备者，才是最佳人选，方能与自己彼此忠诚，相互帮助，携手共进。

其实，李嘉诚得到“客卿”的大力相助，也是他“善有善报”的延伸。所谓“家有梧桐树，引得凤凰来”。假若自己品质不良，没有“梧桐树”，又如何引得“凤凰”来栖呢?

人都是感情动物，只要你用心对待他人，别人总不会忘了你的好处，日后必会报答。可惜的是，很多人眼光不是那么长远，总想着自己如何如何，而忘记了他人的感受。李嘉诚的做人用人之道，的确值得借鉴。

在商业意识渐浓的当今社会，我们在工作和生活中，有时不免身心疲惫，备感世态炎凉。其实这个时候，我们应该好好地自我反思一下，到底是因为世风日下，人情淡泊，还是因为自己平时投资不够?其实人都是有感情的。只要你在别人需要援助时，真心实意地帮过他，他一定会对你心存感激，日后也定会寻机报答。所以在你谋求自身利益时，也请你为自己多多行善积德吧。

商场内也可有朋友

李嘉诚语录：以诚待人，不怕吃亏，事事为他人考虑，为他人着想，就是赢得真正友谊的最佳方法。

有人说，在商场内，大家为了利益争夺，根本没有一个朋友，极端一点的甚至说，商场内人人都是敌人，其他人都是为了和你竞争而存在的。但是从李嘉诚的商场经历看，我们发觉李嘉诚与每个人都是朋友。“商场内人人都是你的敌人”的说法不攻自破。

李嘉诚的处世哲学就是为他人、为朋友、为员工、为股东、为国家、为民族着想。以这样广阔的胸襟，交上真朋友自然是应该的。当然，你可能说，以李嘉诚的地位，想和他结交的人数不胜数，他肯定有无数的朋友。但

我所指的并不是想和李嘉诚结交的那一类，而是和他身份相似的人。

就以当年包玉刚爵士想收购九龙仓集团为例。本来李嘉诚也有意入主当时仍然是英资的九龙仓集团的。但他知道包玉刚爵士已经买入了不少九龙仓股份，如果自己加入战圈，和包玉刚爵士一起争夺九龙仓的控制权，正所谓两虎相斗，必有一伤。李嘉诚处世的态度是处处以他人利益为先，于是他放弃了争夺九龙仓的机会，还将手中的九龙仓股份转让给包玉刚爵士。成人之美，这使包爵士能够顺利夺得九龙仓的控制权。包玉刚爵士之后就和李嘉诚成了好朋友。当时，他们两个集团的影响力和实力不相伯仲。两位集团的领导人就因为这一次机会而结识，成了好朋友。之后，他们合作发展了不少项目。

还有一个例子。李嘉诚和香港汇丰银行集团的关系极为密切。李嘉诚曾经当过汇丰银行的副主席多年。这是继包玉刚爵士之后，香港第二位登上汇丰银行副主席之位的华人。其实，李嘉诚在业务发展期间就已经和汇丰银行的关系发展得极为良好。李嘉诚的信誉，得到了汇丰银行的欣赏，于是汇丰银行早年就在业务上支持李嘉诚。李嘉诚于业务不断扩张之后，仍然很珍惜和汇丰银行的关系，所以，到今日，汇丰银行仍然是长江实业及其下属机构众多往来银行中最重要的一间银行。

从这一点，我们体会到一个事实，就是在商场内，并不是所有人都是我们的敌人。在商场内，一样有朋友，甚至有深交。但在商场内，生意人是否能够找到朋友，甚至是真挚的朋友，主要在于你怎样对人。对人真诚，你找到真朋友的机会就一定会比对人虚伪的人大得多。从李嘉诚的为人处事，我们看到他是处处以其他人利益为先，考虑他人利益之后，才考虑自己的利益。这恰如李嘉诚所说的，以诚待人，不怕吃亏，事事为他人考虑，为他人着想，就是赢得真正友谊的最佳方法。

在商场内人人是朋友，究竟有什么好处?为什么我们要学习李嘉诚先生在商场内多结交朋友，少树立敌人?从感性方面讲，我们每一个人都需

要朋友，都需要真正的友谊，这会使我们在人生路上减少孤单，遇到问题有朋友可以倾诉，使我们在精神上得到更多的支持。拥有朋友的关怀，遇事有人和我们分担，快乐有人和我们分享，我们的生活才更加有意义。

从功利主义的角度看，多交朋友，使我们遇到困难之时，可以得到朋友的帮助，遇到问题时有更多的人和我们一起商量，一起找出问题的答案。

中国人讲究“和为贵”，这不单是在商场上存在的哲学，更加应该是人生处世的哲学。李嘉诚在商场内能够与人人是朋友，相识满天下，也值得我们认真学习。要能够找到真正的朋友，我们要学习的就是李嘉诚以诚待人的人生处世哲学。

一流人才最注重人缘

李嘉诚语录：商道即人道，“做人”和“做生意”的道理其实是一样的。

俗话说：“广撒网才能多捕鱼”，商界也常言：“一流人才最注重人缘”，又说：“擦肩而过也有前世姻缘”，说明商界中最重人际关系。

“一流人才最注重人缘”，其实这句话的反面应该说：“最注重人缘的人，才能成一流人才。”

确实，人缘是很微妙的东西。我们在世间的一举一动，所接触的大人物或小人物都很可能变成影响我们日后成败的因素。而世间，密密麻麻地结着人缘的网，我们每一个人都生活在一个个的网目之中，攀缘着网丝可以和许多人拉上关系。假如我们能和很多人建立良好的人际关系，使他们成为在事业上帮助我们的朋友，在生意上照顾我们的顾客，相信我们的事业一定会非常成功。

因此，一个人结的网丝越多、越坚固，就等于有了一笔无形的巨大的财产。不用说，以此为资本，不管在买卖上或金融上都将为其开拓一条康庄大道。因此，做生意一定要尽快建立人际关系。人际关系亦即人缘，这种东西是要自己去创造的，并不会从天上掉下来。如果你太客气，太内向，将失去许多和人接触的机会。

还有，有了一点儿人缘，仍要努力加以扩大、加以活用，使得生意扎实地向前发展。当你在公司上班的时候，只要运用组织的力量，扩大、运用公司的人际关系就可以使业务进展。

一些中级以下的员工，一旦自立开业，就变成商店或业务所的代表者、经营者，如果不赶紧改掉那种无所谓的、吊儿郎当的习性，建立、运用自己的人际关系，那么在事业进展的路途上，将会到处碰壁。

公司职员在公司上班等于是在母亲怀中的婴儿，处处在父母的爱护下成长。等到长大成人要自立门户的时候，就再也不能依赖父母。父母若有一些人际关系让其运用当然更好，如果没有，那就得重新建立自己的人际关系才能在社会上生存下去。

因此人际关系是自立开业者重要的课题，生意能否成功，人际关系的好坏，很可能是决定的关键。

那么如何建立人际关系呢?敢于和人接触，当然是最基本的，但并不是只要能说善道就够了，最重要的是要在朋友之间，在此后所交往的人之间，在所有认识的人之间，建立一个“信用可靠”的印象。

如前面所叮咛的：“信者得赚。”不但要让朋友信任你，而且要让客户依赖你。

在这方面，李嘉诚就做得很好。李嘉诚深知与人为信、与人合作的重要性，他常对别人讲：“要照顾对方的利益，这样人家才愿与你合作，并希望下一次合作。”追随李嘉诚二十多年的洪小莲，谈到李嘉诚的合作风格时说：“凡与李先生合作过的人，哪个不是赚得盘满钵满！”

香港广告界著名人士林燕妮对此更有深切体会。她曾主持广告公司，而与长实有业务往来。广告市场是买方市场，只有广告商有求于客户，而客户丝毫不用担心有广告无人做，这样，自然会滋长客户尤其是像长实这样的大客户颐指气使、盛气凌人的气焰。

林燕妮回忆道：“头一遭去华人行的长江总部商谈，李嘉诚十分客气，预先派了穿长江制服的男服务员在地下电梯门口等我们，招呼我们上去。

“电梯上不了顶楼，踏进了长江大厦办公厅，更换了个穿着制服的服务员陪着我们拾级步上顶楼，李先生在那儿等我们。

“那天下雨，我的外衣湿淋淋的，李先生见了，便帮我脱下外衣，他亲手接过，亲手替我挂上，不劳服务员之手。”

双方做了第一单广告业务后，彼此信任，李嘉诚便减少参与广告事宜，由洪小莲出面商谈下一步的售楼广告。

“有时开会，李先生偶尔会探头进来，客气地说：‘不要烦人太多呀！’

“我们当然说：‘愈烦得多愈好啦，不烦我们的话，不是没生意做……’”

李嘉诚的“与人为善”，更多的是因为他受到传统文化的熏陶，以及父母对他的谆谆教诲。而重要的是，李嘉诚将他与人为善的哲学真正落实下来，并坚持下来了。

创业者成功的重要因素之一是人缘广，所谓八面玲珑，自然财源广进。要想人缘好，那就要善待他人。善待他人，能使两颗心紧紧地连在一起，碰撞出人生美丽的火花。努力去善待周围的每一个人吧，你的人脉关系网也会因此散发出和谐的光芒。

做人当重情重义

李嘉诚语录：要以真心真意来取得对方的信心。

李嘉诚小时候有一次终生难忘的“饭碗危机”。那时，他在茶楼跑堂时，每天工作十几个小时，可以说天天处于疲乏之中。听茶客聊天，是李嘉诚排困解乏的最佳疗法。然而，有一天却发生了意外。

那天，一位茶客坐在桌旁，侃侃而谈生意经，那些生意场上的斗智斗勇，尔虞我诈，令李嘉诚新奇不已，他觉得做生意很神奇也很刺激。李嘉诚一时听得入了迷，竟忘了自己的本职工作，没有及时给客人冲水。这时，有一位伙计，看着李嘉诚如痴如醉的样子，而客人的杯子已空了，便大声叫他，李嘉诚这才回过神来，慌里慌张地拿起茶壶为客人冲开水。由于动作匆忙，他一不小心把开水淋到茶客的裤腿上了。这下可糟了！

李嘉诚吓坏了，呆呆地站在那里，脸色煞白，不知该如何向这位茶客赔礼谢罪。茶客是茶楼的衣食父母，是堂倌侍候的大爷。若遇上蛮横的茶客，必会甩堂倌的耳光，而且会找老板闹个不休。

李嘉诚知道自己闯下大祸了，真不敢想象将会有什么样的厄运降临到自己身上。他早已听说，在自己进来之前，一个堂倌也犯了这样的过失，那个茶客是“三合会白纸扇”（黑社会师爷）。老板自然不敢得罪这位“大煞”，硬是逼着堂倌给这位大爷下跪请罪，然后当即责令他滚蛋。

李嘉诚已做好了受罚的准备。这时，老板跑了过来，正要对李嘉诚责骂，想不到的是，这位茶客说：“是我不小心碰了他，不怪这位小师

傅。”茶客为李嘉诚开脱，老板当然乐得顺水推舟，也就不再说什么了，只是恭恭敬敬地向茶客连声道歉。

茶客坐了一会儿就走了，李嘉诚愣愣地回想着刚刚发生的事，依然心有余悸，双眼湿漉漉的，暗自庆幸遇上了好人。

事后，老板对李嘉诚道：“我晓得是你把水淋到了客人的裤腿上。以后做事千万得小心，万一有什么闪失，要赶快向客人赔理道歉，说不准就能大事化小了。这客人心善，若是恶点的，不知会闹成什么样子。开茶楼，老板伙计都难做啊！”

回到家，李嘉诚把这事情说给母亲听，母亲感叹不已，觉得儿子确实很幸运。她说：“菩萨保佑，客人和老板都是好人。”她又告诫儿子，“种瓜得瓜，种豆得豆……积善必有善报，作恶必有恶报。”

李嘉诚对母亲的告诫谨记在心。他满心感激那位好心的茶客，也感激老板对自己的宽容。

其实，李嘉诚逃过这一劫，并非侥幸，也是他平日积善得善报的结果。由于他平时真诚待人，吃苦耐劳，顾客和老板看在眼里，记在心上，自然不愿为难他。如果是一个懒惰不负责任的伙计，客人早就看他不顺眼，老板早就对他心怀不满，那么，即使没事，饭碗也很危险，若是闹出点事来，还能有好果子吃吗？

所以，从某种意义上说，李嘉诚是自己拯救了自己，是用自己一贯的诚实勤劳的作风渡过了这一次险境。

但是，李嘉诚后来依然对那位好心的茶客念念不忘。多年以后，他曾对别人说：“这虽然是件小事，在我看来却是大事。如果我还能找到那位客人，一定要让他安度晚年，以报他的大恩大德。”

李嘉诚从小便从父母那里接受了中华民族传统道德观的教育，如“和为贵”、“和气生财”、“善有善报，恶有恶报”、“知恩报恩”等。但那是父母灌输给他的，他并不能完全领会其中的真正含义。这一次“饭碗

危机”才让他真正体会到了这些传统美德的重要作用。有亲身体验，才会去贯彻执行。后来，李嘉诚始终信奉“以和为贵”、“积德行善”的做人准则，这也为他的事业发展开辟了道路。

如果说李嘉诚在商业上的成功来自于他经商技巧的精妙，那么他做人重情重义的一贯风格更是他成功不可或缺的根本所在。

一个成大事的人，情义是他无形的资本。做人当讲真情、知道报恩，这是成大事者恪守的人生准则。用真心，动真情，做人不狡猾，不奸诈，这样事业将会走向成功，人生将会丰富多彩。

舍利取义得人心

李嘉诚语录：要做好生意，最重要的不是积累金钱，而是积累人心。

每一个干大事的人，都懂得人际关系的重要性。李嘉诚作为一个杰出的领导者，更是把它当做重中之重来处理。

他身体力行，做到事事以考虑别人为先，做到千金面前不忘义，从而建立了良好的人缘，同时自己也因此受益匪浅。李嘉诚在董事袍金上的做法就是一个很好的例子。

李嘉诚出任十余家公司的董事长和董事，董事局为他开支优厚的董事袍金。但他把所有的袍金归入长实公司账上，自己全年只拿5000港元，而且他为和黄公差考察、待客应酬都是自掏腰包，不在和黄财务上报账。

这5000港元，还不及公司一名清洁工在20世纪80年代初的年薪。

以20世纪80年代中的水平，像长实系这样盈利状况甚佳的大公司主席袍金，一个公司就该有数百万港元。进入20世纪90年代，便递增到1000万

港元上下。

李嘉诚二十多年维持不变，只拿5000港元。按现在的水平，李嘉诚万分之一都没拿到。

李嘉诚每年放弃数千万袍金，获得了公司众股东的一致好感。爱屋及乌，大家自然也信任长实系股票。甚至李嘉诚购入其他公司的股票，投资者也都纷纷购入。

李嘉诚是大股东和大户，得大利的当然是李嘉诚。有公众股东帮衬，长实系股票被抬高，长实系市值大增。李嘉诚欲办大事，也很容易得到股东大会的通过。

对李嘉诚这样的超级富豪来说，袍金算不得大数，大数是他所持股份所得的股息。

1994年4月至1995年4月，李嘉诚所持长实、生啤、新王股份，所得年息共计有12.4亿港元——尚未计他的非经常性收入以及海外股票的年息。

有人说，一般的商家只能算精明，唯李嘉诚一类的商界翘楚，才具备经商的智慧。舍利取义，舍小取大，李嘉诚又是其中最最聪明的人。

此外，李嘉诚将长实旗下部分公司私有化的一些做法也充分体现了他见利不忘义的品格。

“私有化”是一个专用名词，是指改变原上市公司的公众性质，使之成为一家私有公司。

根据证券条例的规定，公司上市必须拨出25%以上的股份向公众发售，即使是一家家族性的上市公司，本质上也是公众公司。

公司上市、收购公司以及供股集筹，都被称为“进取”，而将公司私有化，取消其挂牌的上市地位，即是“淡出”。

其实，“淡出”也是一种收购形式，只不过取消挂牌后的私有公司，不能再从社会集资，也不再具有以小搏大、以少控多的优势。

李嘉诚之所以将部分公司实行私有化，主要有两个方面的原因：

第一，李嘉诚所控的长实系集团够庞大了，仅就长实、和黄、港灯三家巨型公司的规模而言，已足以获准浩大的集资计划。因此，将部分公司私有化，并不影响长实日后的集资扩张。

第二，私有化以后的公司，将重新变为不受公众股东和证监会制约监督的公司，因而有利于保守商业秘密，也不必再像公众公司那样向公众公布财务经营状况。

要实行私有化，时机选择是一个很关键的问题。骑牛上市，借熊辞市是大股东选择的最佳时机。道理谁都懂，然而要真正掌握好时机，并非那么简单；而要显出大度来，避免小股东的怨恨，则更不容易。而李嘉诚实行私有化时，却兼顾了这两点，再一次显示了他与众不同的人格魅力。

1984年，中英就香港前途问题的联合声明签订后，香港投资气候转晴，股市开始上扬。1985年10月，李嘉诚宣布将国际城市有限公司私有化，出价1.1港元，较市价高出一成，亦较该公司上市时的发售价每股高出0.1港元。

对于这种价格，小股东自然是大喜过望，纷纷接受收购。李嘉诚这次提出私有化，正在牛市之时，付出了较高的收购代价。如果是赶在两年前或等到两年后的熊市之时，再进行私有化，就能够实现低价收购。

对此，有人认为一贯善于把握时机的李嘉诚看走了眼，没有抓住实行私有化的最有利时机。

其实，以李嘉诚多年的商业经验、运筹帷幄的商业技巧和坚实的经济基础，完全可以在股市低潮这种有利的条件下，用超低的价格将其收归到自己的手中。但他并没有这样做，他充分考虑到了小股东们的不易。他们资金少，赚得的利润也少，这一次竞争也许一下子就把他们置于死地了。他说：“我不是没想过借熊退市，但趁淡市以太低的价钱收购对小股东来说不公平。”

所以，李嘉诚给出了让小股东较为满意的收购价格。李嘉诚的这种千

金面前不见利忘义的品格实在是难能可贵的。

古人有“得民心者得天下”的俗语，李嘉诚这种成全他人利益的方法，无疑是得到了人心，所造成的良好影响时时处处都可能对他产生良好的作用。许多人自作聪明，将损人利己当成本事，殊不知，懂得照顾别人的利益，才是真正的智慧。

人活在世上不能光顾一己之利，仅把目光停留在个人利益上，而舍不得为别人付出半分半厘的人，最终只能赚得一时小利，而失去长远之大利。如果我们在决定做一件事情之前能想想别人的利益和感受，那么我们会发现我们的道路会因此而越变越宽阔。

“管”二

人尽其才之诀

事业发展靠人才。人才是一个企业最重要的资源，也是一个人成事最重要的基础。只要集众人之长，采众人之优，就能做到无所不能，百战百胜。李嘉诚是知人善任的用人高手，他把人才当成第一资源，敢于根据事业的需要启用新人，做到量才而用、各尽所能，并能以良好的待遇留住人才，这使得他周围聚集了一大批志同道合、才华横溢的商界英才。

人才是最重要的资源

李嘉诚语录：我做生意一直抱定一个信念，不靠投机取巧，而靠自己的一帮有才能的人。

没有人才就干不成事业。人才，是一个组织最重要的资源。有了人才，企业才能运作，才能成长，才能做到基业长青。

美国《财富》杂志报道李嘉诚“甚为华人中重要的伙伴”，“靠友人合作投资地产和塑胶生意发迹”。李嘉诚自己曾说过：“我做生意一直抱定一个信念，不靠投机取巧，而靠自己的一帮有才能的人。”看一看李嘉诚的创业之路及其所作所为，恐怕谁也不能说李嘉诚的成功纯属偶然。

李嘉诚由一个身无分文的打工仔成为香港首富，“长江”企业由一间破旧不堪的小厂成为庞大的跨国公司，他的巨大成功离不开“那帮有才能的人”，李嘉诚为企业取名“长江”，就是取其不择细流，有容乃大之意。

企业的发展因素众多，其中总有一个关键的因素，在李嘉诚看来，这个关键因素就是人才的吸引和使用。李嘉诚多次在接受媒体访问时表示，企业能否吸引到足够的人才，将是新经济竞争胜出的关键。对于新经济对传统企业的冲击，他则认为，企业必须更有创造力，要有“逢山开路、遇水搭桥”的精神才能成功。

在回答该如何面对新经济事业挑战的问题时，李嘉诚说，全球化不是一蹴而就，新经济不会只是短暂的现象，而是一个持久的方向。一个国家与民族要孕育少数精英很容易，但要提高整体素质却非常困难，在急速发展的年代中，更要有效地与时间竞赛，不允许有太多反复的尝试。

有人总结说，李嘉诚的成功是因为在他周围聚集了一大批志同道合、才华横溢的商界英才。在长江实业发展具有一定规模之后，李嘉诚便开始着手选拔人才和发掘人才。他打破东方家族式管理企业的传统格局，构架了一个拥有一流专业水准和超前意识而且组织严密的现代化“内阁”，来配合他苦心经营起来的庞大的李氏王国。面对瞬息万变的环境，必须灵活应变，并积极参与新科技与资讯产业。

李嘉诚认为，新经济未来就像是“星际大战”一样，有传统产业的成分，也有快速变化的科技引导，两者的结合才能使企业走向领先的位置。

企业为了发展就要筹措资金，必须利用金融市场募集资本。不过，如果企业主走错了方向，企业上市后，没有实际业务支持，企业有可能出现泡沫化。发展网络与新经济的事业，一定要有可实现的目标。

在李嘉诚看来，企业的发展，在不同的阶段，企业主扮演的角色不尽相同。而企业主下属的辅佐人才，在不同的阶段亦不相同。在企业创立之初，企业主最希望有忠心耿耿、踏实肯干的人才。而李嘉诚身边的盛颂声、周千和就是这样的人才。

创业阶段是艰苦的，如果大家没有荣辱与共、风雨同舟的共识，很容易见异思迁。所以创业之初，李嘉诚身体力行，身先士卒，为大家树立榜样。他宁亏自己，不亏大家，使企业富有凝聚力。

当时，盛颂声负责生产，周千和主理财务，他们兢兢业业、任劳任怨，辅佐李嘉诚创业，是长实劳苦功高的元勋。

周千和回忆道：“那时，大家的薪酬都不高，才百来港纸（港元），条件之艰苦，不是现在的青年仔所能想象的……李先生跟我们一样埋头拼命做，大家都没什么话说的……李先生宁可自己少得利，也要照顾大家的利益，把我们当自家人。”在这段时间，李嘉诚知人善任，任人唯贤，使企业获得了较大的发展。

为了适应企业后来的发展，1980年，李嘉诚又提拔盛颂声为董事副总经理；1985年，他又委任周千和为董事副总经理。当时，有人说：“这是

很重旧情的李嘉诚给两位老臣子的精神安慰。”其实不然，李嘉诚对他们委以重职的同时也委以重任。盛颂声负责长实公司的地产业务，周千和主理长实的股票买卖。

1985年，盛颂声因移民加拿大才脱离长实集团，李嘉诚和下属为他饯行，使盛氏十分感动。另一名元老周千和仍在长实服务，他的儿子也加入长实，成为长实的骨干。正如李嘉诚所说：“长江实业能扩展到今天的规模，要归功于同仁的鼎力合作和支持。”

由此可见，自创业以来，长实有起有落，但不管怎样，鲜有跳槽者，这不能不说是李嘉诚吸引和使用人才的成功之处。而反观一些事业上没有像李嘉诚般飞黄腾达的富豪，倘若说他们有什么缺失的话，那往往就是不晓得任用人才，以至阻碍了企业的发展。

量才而用，各尽所能

李嘉诚语录：大部分的人都会有部分长处部分短处，就好像大象食量以斗计，蚂蚁一小勺便足够。各尽所能、各得所需，以量才而用为原则。

李嘉诚是香港商界呼风唤雨的富豪。出身寒门的李嘉诚通过半个世纪的不懈努力和奋斗，从一个普通人成为商界名人，并取得了令人瞩目的成就，其中固然有他的勤奋和聪明，但每当提起他的成功之时，李嘉诚却坦然告知，良好的处世哲学和用人之道是他今日成功的前提。

白手起家的李嘉诚，在其长江实业集团发展到一定规模时敏锐地意识到，企业要发展，人才是关键：一个企业的发展在不同的阶段需要有不同的管理和专业人才，而他当时的企业所面临的“人才困境”较为严重。由于当时社会的综合因素，工人文化水平低，多数人只有小学文化程度，技

术管理方面的人员更是奇缺，那些曾和他一起出生入死打天下的元老重臣的知识结构和专业水平达不到企业发展的要求，面对越来越激烈的商业竞争，要靠这样一支队伍创出佳绩显然是不可能的。

李嘉诚克服重重阻力，劝退了一批创业之初帮助他一起打江山的忠心肯干的“难兄难弟”，果断起用了一批年轻有为的专业人员，为集团的发展注入了新鲜血液。与此同时，他制订了若干用人措施，诸如：开办夜校培训在职工人，选送有培养前途的年轻人出国深造。而他自己，也专门请了家庭教师传授知识，并自学英语。

在李嘉诚新组建的高层领导班子里，既有具有杰出金融头脑和非凡分析本领的财务专家，也有经营房地产的“老手”；既有生气勃勃、年轻有为的港人，也有作风严谨善于谋断的洋人。

可以这么说，李嘉诚今日能取得如此巨大的成就，他的集团能成为纵横东西的跨国集团，是和他回避了东方式家族化管理模式，大胆起用洋人分不开的。他起用的那些洋专家，在集团内部管理上把西方先进的企业管理经验带入长江集团，使之在经济的、科学的、高效益的条件下运作。在西方，这些洋人不但是李嘉诚接洽收购的先锋，而且是他集团进军西方市场的向导。其中杰出的代表人物为英国人麦理思，他是一名现代企业管理大师，20世纪70年代加入长江实业后一直追随李嘉诚左右，为“长江实业”的发展立下了卓越的功劳；另一名为李嘉诚十分器重的英国人是Simon Mur，他是李嘉诚远征西方的代表。

精于用人之道的李嘉诚深知，不仅要在企业发展的不同阶段大胆起用不同才能的人，而且要在企业发展的同一阶段注重发挥人才的特长，恰当、合理地起用不同才能的人。因此，他的“智囊团”里既有朝气蓬勃、精明强干的年轻人，又有一批老谋深算的“客卿”。香港商界盛传李嘉诚左右手与“客卿”并重，其中最令人注目的是精明过人、集律师与会计师于一身的李业广和叱咤股坛的杜辉廉，后者为李嘉诚在股票发行、二级市场上的收购立下了汗马功劳，特别是在1987年香港股灾之前，他为李嘉诚

的集团成功集资100亿港元。

去过庙的人都知道，一进庙门，首先是弥勒佛，笑脸迎客，而在他的北面，则是黑口黑脸的韦陀。但相传在很久以前，他们并不在同一个庙里，而是分别掌管不同的庙。弥勒佛热情快乐，所以来的人非常多，但他什么都不在乎，丢三落四，没有好好地管理账务，所以依然入不敷出。而韦陀虽然管账是一把好手，但成天阴着张脸，太过严肃，搞得人越来越少，最后香火断绝。

佛祖在查香火的时候发现了这个问题，就将他们俩放在同一个庙里，由弥勒佛负责公关，笑迎八方客，于是香火大旺；而韦陀铁面无私，锱铢必较，则让他负责财务，严格把关。在两人的分工合作中，庙里呈现出一派欣欣向荣的景象。

其实在用人大师的眼里，没有废人，正如武功高手，不需名贵宝剑，摘花飞叶即可伤人，关键看如何正确使用。

建立合理化的人事制度

李嘉诚语录：要吸引及留住好的员工，要给他们好的待遇及前途，及有受重视的感觉。当然，还要有良好的监督和制衡制度，这是一定要有的，不管怎么样，都要有个制度，不能山高皇帝远。否则，一个好人也会变坏。

没有合理化的人事管理体制，企业就会失去秩序化的管理，甚至乱作一片。当企业发展到相当规模，要延续和创造辉煌，必须解决管理体制，特别是人事管理体制问题。

企业管理体制上的问题不同于事务性问题，事务性问题不会影响大

局，同时也容易解决；而体制上的问题，则往往带有全局的性质，而且如不及时解决，会直接影响企业的前途和命运。在这个问题上，李嘉诚深谋远虑，费了很多心血。

李嘉诚摒弃了家族式管理，而钟情于东方民族的企业家族氛围。西方经济学家探索日本经济起飞奥秘时发现，日本企业的家族氛围浓郁，其商业文化带有厚重的儒家文化特色。这可能正是日本经济创造了奇迹的重要原因。

李嘉诚觉得中日同属东方文化体系，日本企业的经验也值得借鉴。李嘉诚少年时接受的教育，是以儒教为核心的传统文化。在他的公司内部，自然带有儒教色彩。

李嘉诚善于吸收新事物，又绝不人云亦云，他对任何事都有自己独到的看法。

他说："我看过很多古圣先贤的书，儒家一部分思想可以用，但不是全部。"

他又说："我认为要像西方那样，有制度比较进取，用两种方式来做，而不是全盘西化或是全盘儒家。儒家有它的好处，也有它的短处，儒家在进取方面是很不够的。"

在对儒家思想的运用上，他吸收了宽厚为怀的"仁爱"思想，并与西方的民主自由思想结合。例如，日本的一些企业，在新员工报到的第一天，通常要做"埋骨公司"之类的宣誓。李嘉诚从不苛求员工作出终身效力的保证，他是通过一些对员工有益的事，让员工觉得公司值得效力终身。所以，在长实的发展过程中，并非没有跳槽的员工，但公司行政人员十分稳定，流失率极低，可以说微乎其微。

李嘉诚说："要吸引及留住好的员工，要给他们好的待遇及前途，及有受重视的感觉。当然，还要有良好的监督和制衡制度，这是一定要有

的，不管怎么样，都要有个制度，不能山高皇帝远。否则，一个好人也会变坏。”

李嘉诚对员工既宽厚又严厉。长实的员工道：“如果哪个员工做了错事，李先生必批评不可，不是小小的责备，而是大大的责骂。他急起来，恼起来时，半夜三更挂电话到员工家，骂个狗血淋头的也有。”

李嘉诚的骂，不是喜怒无常的“乱骂”，总是“骂到实处”。当然，也有骂错之时。一旦骂错了人，他也会知错就改，往往在他冷静后，便会向被批评者赔礼道歉。

一般而言，在长实公司，越是被李嘉诚看好的职员，所挨的批评越多、越严厉。他们经受过李嘉诚一段时期的“锤打”之后，通常又能升职和加薪。

汇集中西方文化精粹的李嘉诚既有重情义、讲仁德的一面，又有拼强手、抢先机的另一面，这种中西融合的经营方式和理念，在企业家中并不多见。

在李氏王国的管理上，李嘉诚曾多次声称，他素来不主张古老的家族性统治，而更看重西方公众公司的那一套，即公司首脑由董事股东选举产生，而非父传子承，这样方可保持活力。他说，如果他的儿子不行，不会考虑让他们接班，只要事业能发展，他不会在乎是家族内还是家族外的人执掌大权。

按照中国的传统规念，子承父业乃天经地义。李嘉诚的观念分明已经超越了时空和民族，充分显示出他冷静而又理智的一面。确实，商场来不得半点感情用事，将家族事业发扬光大，这才是最重要的。相比之下，谁来主管并不重要。

李嘉诚常说：“唯亲是用，必损事业。”

唯亲是用，是家族式管理的习惯做法，这无疑表示对“外人”不信

任。这样一来，必定会严重挫伤“外人”的积极性，不利于事业的发展。

20世纪80年代，内地开放后，不少潮州老家的侄辈亲友，想来李嘉诚的公司做事，都遭到他的委婉拒绝。

长实里不单是有他的亲戚，更有他的老乡，但他们都没因这层关系而获得任何照顾，都是靠自己打拼。

对此，李嘉诚说：“我老是在说一句话，亲人并不一定就是亲信。一个人你要跟他相处，日子久了，你觉得他的思路跟你一样是正面的，那你就应该信任他。你交给他的每一项重要工作，他都会做，这个人就可以做你的亲信。”

香港作家何文翔曾这样评论李嘉诚说：“任人唯贤，知人善任，既严格要求，又宽厚待人……李嘉诚成功的关键，是他融汇了中西文化的精华，采用西方先进的管理方式。”

在人才的使用和管理上，李嘉诚确有高人一筹的眼光和胸襟。

家族式管理会将许许多多的优秀人才拒之门外。这样的管理，也许凭创业者的杰出才华可以显赫一世，但很难维持第二代的辉煌，更难像一些具有先进管理制度的家族企业一样百年兴盛。

当然，西方管理方式也有其不足之处。比如：不像华人经商那样富有人情味；研究和计划十分周密，但决策周期相对较长，不像华商握一握手便达成决议。

李嘉诚中西合璧，各采其长，因而形成了自己独特的管理风格。比如一个项目，李嘉诚会周密调查，仔细研究——这是西方的方式。一旦确定，打一个电话或握一握手，就完成并实施了决策——这是李嘉诚的风格。

经过多年思考的探索，在李嘉诚的现行管理体制中，既有老、中、青相结合的优点，又兼备中西方的色彩，可以说是一种行之有效的合作模式。长实是一家股权结构复杂、业务范围广泛的庞大集团公司，李嘉诚可

以说是这一商业帝国的绝对君主，但在集团内部，却丝毫看不到家长制的影子，它完全按照现代企业的管理模式运行。

不管长实系的未来发展会出现什么样的局面，也不管李氏父子未来将有何作为，李氏王朝的兴起与发展已经告诉了人们许多内容。

当然，不只是李嘉诚，任何大企业家都有自己独特的管理风格。这种风格的形成，一方面靠学习别人的长处，一方面靠自己在实践中摸索，根据企业自身特点进行整合，因此既不能轻视管理，也不能图省事照搬别人的经验，非得花费心血自己研究不可。

敢于重用新人

李嘉诚语录：企业要不断注入新人才的血液，才能保持旺盛活力。

香港某周刊在《李嘉诚的左右手》一文中，探讨李嘉诚的用人之道时说：

“创业之初，忠心苦干的左右手，可以帮助富豪‘起家’，但元老重臣并不能跟得上形势。到了某一个阶段，倘若企业家要在事业上再往前跨进一步，他便难免要向外招揽人才。一方面弥补元老们胸襟见识上的不足，另一方面是利用有专才的干部，推动企业进一步发展。故此，一个富豪便往往需要任用不同的人才……李嘉诚的用人之道，显然超卓。如果他一直只任用元老重臣，长实的发展相信会不如今天。”

元老重臣经验丰富，老成持重，但往往拙于开拓，缺乏闯劲。

如果要不断地发展事业，就需要一批博学多才的青年才俊作为新鲜

血液注入到企业中来。这样不但可以弥补元老们胆识、胸襟和见识上的不足，更可以推动事业不断前进，适应社会的不断变化。

李嘉诚深谙此理，因此，他虽然一直看重那些初期的创业伙伴，但并不一味依赖元老重臣。

有鉴于此，在事业上小有成就之后，李嘉诚便决定起用新人。

在长实管理层的后起之秀中，最引人注目的要数霍建宁。他之所以引人注目并非因为他经常抛头露面，实际上，他主要从事幕后工作。此人擅长理财，负责长实集团的财务策划，他处事较为低调，认为自己不是个冲锋陷阵的干将，而是个专业管理人士。

霍建宁毕业于香港名校香港大学，随后赴美深造。1979年学成回港，被李嘉诚招至旗下，出任长实会计主任。他持有英联邦澳洲的特许会计师资格证（凭此证可以去任何英联邦国家与地区做专业会计师）。

李嘉诚很赏识他的才学，1985年委任他为长实董事，两年后又提升他为董事副总经理。此时，霍建宁才35岁，如此年轻就担任香港最大集团的要职，实属罕见。

霍建宁不仅是长实系四家公司的董事，还是与长实有密切关系的公司如熊谷组（长江地产的重要建筑承包商）、广生行（李嘉诚亲自扶持的商行）、爱美高（长实持有其股份）的董事。

传媒称霍建宁是一个“浑身充满赚钱细胞的人”。长实集团的重大投资安排、股票发行、银行贷款、债券兑换等，都是由霍建宁亲自去办或参与决策的。这些项目，动辄涉及数十亿资金，亏与盈都取决于最终决策。从李嘉诚对他如此器重和信任来看，可知盈大亏小。

霍建宁本人的收人也非常可观。当时他的年薪和董事袍金，再算上非经常性收入如优惠股票等已达1000万港元以上。到了1999年其年收入更是高达2.7亿港元，连续多年蝉联香港“打工皇帝”称号。

1993年霍建宁坐正和黄“大班”之位。他在任期内的一个代表作，是令多年亏损的赫斯基石油“转亏为盈”。1999年年末他促成了多宗大交易，将和黄发展成名牌电讯商；2000年和黄被国外的杂志选为全港最佳管理公司，霍建宁立下了汗马功劳。另外，和黄以高价“卖橙”（把和黄手中的欧洲移动电话业务Orange出售给全球最大的移动电话运营商沃达丰）后，一次盈利高达1173亿港元，论功行赏后，身为集团总经理的霍建宁一人获得1.646亿港元红利，占全数红利的50%。

年薪2.7亿港元是一个什么样的概念呢?它相当于平均月薪2283万港元，即使以每天上班12小时计算，霍建宁每工作一分钟，银行户口即可进账1040港元，每日薪酬达75万港元。

这个数字甚至比一些蓝筹公司的全年盈利还高。

人们常说霍建宁的点子“物有所值”，他是香港“食脑族”（靠智慧吃饭）中的大富翁。

另外，霍建宁还为李嘉诚充当“太傅”的角色，肩负着培育李泽楷、李泽钜的重要职责。

由此看来，李嘉诚十分重视对专业管理人才的任用，将之视为事业拓展的基石。不但能够不拘一格委以大任，而且能给予其相应的收益，以增强其归属感。

在长江公司高级管理层中，还有一位名叫周年茂的青年才俊。

周年茂是长实的元老周千和的儿子。周年茂还在学生时代时，李嘉诚就把他当做长实未来的专业人才培养，并把他和其父周千和一道送往英国专修法律。

当周年茂学成回港后，很自然地就进了长实集团，并被李嘉诚指定为长实公司的代言人。仅仅两年后，周年茂就被升为长实董事，1985年后又与其父亲周千和一道被擢升为董事副总经理。当时，周年茂才30岁。

有人说周年茂一帆风顺，飞黄腾达，是得其父的荫庇——李嘉诚是个很念旧的主人，为感谢老臣子的犬马之劳，故而“爱屋及乌”。这话虽有一定的道理，但并不尽然。李嘉诚的确念旧，却不能说周年茂的“高升”是因为李嘉诚对他的关照。其实，最主要的一点，仍然是他自身具备了相应的实力，有足够的能力担当重任。

据长实的职员说：“讲那样的话的人，实在是不了解我们的老细（板），对碌碌无为之人，管他三亲六戚，老细一个都不要。年茂年纪虽轻，可是叻仔（有本事的青年）呀。”

周年茂走马上任，任副总经理，是顶替移居加拿大的盛颂声的缺位，负责长实系的地产发展。

压在周年茂肩上的担子比盛颂声在职的时候还要重，肩负的责任还要大。周年茂上任后，积极开展工作，接连落实了茶果岭丽港城、蓝田汇景花园、鸭利洲海怡半岛、天水围的嘉湖花园等大型住宅屋村的发展规划，顺利完成了李嘉诚的迂回包抄计划，以自己的能力赢得了李嘉诚的信任。于是，李嘉诚将更大的重任托付于他。他不负众望，凭着出色的工作业绩得到了公司上下的一致好评。

以往长实参与政府官地的拍卖，都是由李嘉诚一手包揽，全权掌握。而现在，同行和记者经常看到的长实代表，却是周年茂那张文质彬彬的年轻面孔。只有资金庞大的项目才会由李嘉诚亲自出面进行。

周年茂虽然看起来像一位文弱书生，却颇有大将风范，指挥若定，调度有方，临危不乱，该进该弃都能较好地把握分寸，做到了收放自如，这让李嘉诚非常放心。

现在长实的地产发展有了周年茂，财务策划又有了霍建宁，楼宇销售方面则有一名女将洪小莲，“三驾马车”把长实带向了更高更远处。

从对周年茂的重用上，可以看出李嘉诚的确很念旧，不过，更重要的

一点是，他看重的是能力而不是背景，以重贤任能为原则。

李嘉诚任用俊才，把自己从事无巨细一把抓的初级阶段给释放了出来，得以将主要精力放到事关全局的重大决策上。

新人才有新思想、高干劲，一个企业要不停地注入新鲜的血液，才能永远充满活力。

“造物之前先造人才”，重用新人就是一个“造就人才”的过程。对他们委以重任，让他们参加到事业中来，不仅是给新人一个机会，也是给自己一个机会——新人会以其特有的思想，向上的朝气，为你的事业带来新的气象。不可否认，重用新人的前提是你能够发现新人并冒着可能失败的风险对其委以重任——这就需要你培养猎人般的眼光和过人的胆识了。

用人必须适合企业发展

李嘉诚语录：适合自己事业发展的人才是最好的人才。

李嘉诚经商，在脑中有一套独特的人才观。他深深地懂得，得人才者，得商业大势；同时他更清楚，适合自己企业发展的人才是最宝贵的。因此李嘉诚在用人时总是以适合企业发展为前提。

马世民等于是李嘉诚连公司一道买下的人才。李嘉诚入主和黄不久，马世民即坐上和黄集团第二把交椅，任董事行政总裁。

除了和黄以外，马世民还先后出任了港灯、嘉宏等公司董事主席。马世民是长实系除老板李嘉诚外，第一个有权有势、炙手可热的人物。李嘉诚表示：“我一个人没有那么多时间做那么多家公司的主席。”

在和黄、港灯两大老牌英资集团旗下，留任的各分公司董事长、行政

总裁达数十人之多。

马世民把李嘉诚左右称为“内阁”。评论家说：“这个内阁，既结合了老、中、青的优点，又兼备中西方的色彩，是一个行之有效的合作模式。”

20世纪70年代末至80年代中期，李嘉诚大举进军香港英资企业。

1977年，李嘉诚购得美资永高公司后，迅速把矛头指向称雄香港的英资企业，他的第一个目标是怡和系的九龙仓。但后来，李嘉诚以退为进放弃了对九龙仓的收购，将其转手让与船王包玉刚，自己则转而把经营不善的和黄洋行作为收购对象。

他在部署收购和黄的同时，在市场悄悄吸纳英资青洲水泥公司的股票。1978年，李嘉诚持有的青洲水泥股票达25%，他入青洲水泥董事局出任董事。1979年，他所持的股份增至40%，顺理成章地坐上了青洲水泥董事局主席之位。

李嘉诚完成收购和黄洋行等过程达三年之久。1981年伊始，他正式出任和黄集团董事局主席。

港刊称，“以鬼治鬼”是李嘉诚完成收购英资企业后的治理大计。青洲水泥的行政总裁选留布鲁嘉，和黄集团的行政总裁是李察信。

1982年秋，英首相撒切尔夫人赴京就香港的政治前途与中方谈判，香港英人惶恐不安，信心危机席卷香江。李察信竭力主张和黄集团将重心转向海外发展，李嘉诚却看好香港前途，他说：“不可能那样，我们长实集团不打算迁册。若论个人在公司的利益，我比你拥有得多，我是经过慎重考虑才说这种话的。中国政府欢迎海外企业家来华投资，也就根本不可能对香港私人资产采取行动。”

李嘉诚把自己赴内地的观感以及海内外舆论的评论讲给李察信听，但他无法说服李察信，两人分歧严重，一直无法协调工作。1984年8月，李察信辞职，接替行政总裁一职的是另一位英籍人士——马世民。

马世民原名西蒙·默里，于1940年生于英国，马世民是他来香港后取

的中文名。

马世民未读大学，他说他的大学就是人生。他有不凡的经历，19岁跑去参加法国雇佣兵团，派驻阿尔及利亚作战。他后来把他的经历写成一部名为《sionaire》的小说，成为轰动一时的畅销书。

1966年，马世民来到英殖民地香港，进入最负盛名的怡和洋行工作。他形容自己就像个推销员，墙纸、果仁、钢材、机器、电器等，什么都卖过。其中的三年，他被派驻怡和在泰国的分支机构，负责怡和地产的建筑合约，他借用一种华人独钟的药品——称自己是万金油。也正是他在多种领域经受过锻炼，李嘉诚在煞费苦心物色综合性集团和黄行政总裁时，把马世民列为首位人选。

马世民在怡和服务了14年，深得怡和重视，他是怡和工程、金门建筑公司多年的执行董事。20世纪70年代后期，他还被派往伦敦大学和美国斯坦福大学，专修经济管理专业课程。

20世纪70年代末的一天，马世民代表怡和贸易来长实推销冷气机，希望长实在未来的大厦建筑中，采用怡和经销的冷气系统。他坚持要见李嘉诚，通常情况下，公务繁忙的李嘉诚并不过问这一类“小事”，但还是同意会见这位倔强的“鬼佬”经理。

这次会面，他们彼此都留下了深刻印象。马世民自我评价说：“目前来说，我的能力和经验还有待于边干边学，但香港是这样，只要你拿出真本事来做生意，你就会学得很快。”

马世民还说：“我属龙，用你们中国人的话说，是龙的儿子。”李嘉诚也属龙，不过，比马世民整整大12岁。李嘉诚与马世民就好些话题交换了意见，李对马颇有好感。

1980年，40岁的马世民决定告别打工生涯自立门户，他创立了Davenham工程顾问公司，承接新加坡地铁工程。

1982年后，李嘉诚积极物色接替李察信的人选，竭力拉马世民加盟。

1984年，李嘉诚透过和黄收购了马世民的Davenham公司，委任他为和黄第二把手——董事行政总裁。

马世民一上任，便为和黄赚了大钱，并辅佐李嘉诚成功地收购了港灯集团，战果辉煌，是当时华资进军英资四大战役（李嘉诚收购和黄、港灯，包玉刚收购九龙仓、会德丰）中的一役。

在马世民加盟之前，李嘉诚就与他在“看好香港前途问题”上达成了共识。1986年，马世民提出立足香港、跨国投资的策略，得到李嘉诚的支持，于是，就有了和黄、长实及李嘉诚私人大笔投资海外的惊人之举，从而引起世界经济界的瞩目，但总的来说投资回报却并不理想。

李嘉诚无疑是海外投资金额最大的一位香港华人富豪。与此同时，香港不少财团已在中国内地轰轰烈烈地干起来，取得了骄人成绩。李嘉诚先输一轮，岂能甘心。他奋起直追，从1992年起，开始把对外投资的重点放到内地市场。

是年，邓小平视察南方经济特区，掀起改革开放的巨浪。中国内地被世界经济界看成全球最具潜力的投资市场。据传，亲英亦亲华的马世民，固执地要李嘉诚三思而行。但李嘉诚虽然有时行动迟人一步，但决策一旦定了就不轻易更改。两人想法开始出现分歧。

1993年9月，马世民辞去和黄行政总裁的职务，由长实董事副总经理与和黄执行董事霍建宁接替。马世民成为和黄最后一位洋大班。

李嘉诚为了增强下属对集团的归属感，往往会给他们以低价购入长实系股票的机会。在马世民离职的9月中，马氏就用8.19港元/股的价格购入160多万股长实股票，当日就按每股23.84港元的市价出手，净赚2500多万港元。

李嘉诚还向高层表示，和黄以后请人，要多用本地人，并且通晓普通

话是必要条件，这很清楚地表明，他的投资大计是放眼内地。李嘉诚“以夷制夷”的策略方针，对于稳定军心、控制局势起到了无法替代的重要作用。

在收购英资公司之后，如果实行排外，势必会使公司出现混乱，陷于停滞和瘫痪。这样，经济上势必遭受惨重的损失。相反，保持稳定，以夷制夷，可使公司正常运转。以马世民为例，他任和黄总裁达九年之久，为和黄创下了辉煌的业绩，一些投资的失利，只是白璧微瑕。马世民的政见，曾招来不少非议，但他的人品，却几近完美——他的口碑，甚至可与李嘉诚相提并论。马世民辞职后，其下属无不对“波士”（老板）交口称赞，有的还掉下眼泪。

但是，李嘉诚的投资重心转向内地时，就顺应现实需要，以当地华人为重，并且要通晓普通话，这是李嘉诚适时应变的体现，实乃明智之举。他同时也表示，以后公司要多任用有才能的华人，看来这也是李嘉诚针对立足香港、大举投资内地的适时之举了。可见，重用适合自己企业发展的人才有多重要。

适合自己的东西才是最好的，否则的话，即使再贵也不能称之为最好，对人也一样。人们往往片面地去追求最好，却迟迟没有搞清：什么才是最好的?不适合自己的东西，再贵也没有用；不适合自己的人，再优秀也是枉然。不可否认，马世民的确是优秀人才，李嘉诚也可称伯乐，但是情势总在变化着，李嘉诚最初选择马世民，最后因意见不同而分道扬镳，无不是从人才是否适合自己的事业发展出发而考虑。适合的话，双方合作，双方受益；不适合的话，就此分开，或另谋他人，或寻求其他发展。总而言之，适合企业发展的人才才是最好。

像对待家庭成员一样对待员工

李嘉诚语录：可以毫不夸张地说，一个大企业就像一个大家庭，每一个员工都是家庭的一员。就凭他们对整个家庭的巨大贡献，他们也实在应该取其所得。所以说，是员工养活了整个公司，公司应该多谢他们才对。

李嘉诚曾经归纳出日常管理的九大要点：

1. 勤奋是一切事业的基础。要勤奋工作，对企业负责、对股东负责。

2. 对自己要节俭，对他人则要慷慨。处理一切事情以他人利益为出发点。

3. 始终保持创新意识，用自己的眼光注视世界，而不随波逐流。

4. 坚守诺言，建立良好的信誉，一个人良好的信誉，是走向成功的不可缺少的前提条件。

5. 决策任何一件事情的时候，应开阔胸襟，统筹全局。但一旦决策之后，则要义无反顾，始终贯彻一个决定。

6. 要信赖下属。公司所有行政人员，每个人都有其消息来源及市场资料。决定任何一件大事，应召集有关人员一起，汇合各人的资讯，从而集思广益，尽量减少出错的机会。

7. 给下属树立高效率的榜样。集中讲述具体事情之前，应预先几天通知有关人员准备资料，以便对答时精简得当，从而提高工作效率。

8. 政策的实施要沉稳持重。在企业内部打下一个良好的基础，注重培养企业管理人员的应变能力。决定一件事情之前，应想好一切应变办法，而不去冒险妄进。

9. 要了解下属的希望。除了生活，应给予员工好的前途；并且，一切

以员工的利益为重，特别在年老的时候，公司应该给予员工绝对的保障，从而使员工对集团有归属感，以增强企业的凝聚力。

从中，我们就不难看出李嘉诚取得巨大成功的原因所在了，而能够做到最后一点更是难能可贵。

李嘉诚深受儒家思想的影响，再加上年少时期历经磨难，艰苦创业，因此最能体会他人的疾苦。儒家的“老吾老，以及人之老；幼吾幼，以及人之幼”的思想，对他影响深远，他认为，大企业就像一个大家庭，每个员工都是家庭的一分子。

20世纪70年代后期，香江才女林燕妮为她的广告公司租场地，跑到长江大厦看楼，却发现李嘉诚仍在生产塑胶花，林燕妮大感诧异。因为这时塑胶花早过了黄金时代，根本就无钱可赚。长江地产业当时的盈利已十可分观，就算塑胶花有微薄小利，对长江实业来说，增之不见多，减之不见少，并不值得再去干。但李嘉诚却仍在维持小额的塑胶花生产。林燕妮甚感惊奇之余，说李嘉诚“不外是顾念着老员工，给他们一点生计”。而公司职员也说，“长江大厦租出后，塑胶花厂就停工了。不过老员工亦被安排在大厦里干管理事宜。对老员工，他是很念旧的”。有人提起李嘉诚善待老员工的事，说：“怪不得老员工都对你感恩戴德。”李嘉诚回答说：“一间企业就像一个家庭，他们是企业的功臣，理应得到这样的待遇。现在他们老了，作为晚一辈，就该负起照顾他们的义务。”

有人说：“李先生精神难能可贵，不少老板待员工老了一脚踢开，你却不同。这批员工，过去靠你的厂养活，现在厂没有了，你仍把他们包下来。”这时，李嘉诚急忙解释道：“千万不能这么说，老板养活员工，是旧式老板的观点。其实应该是员工在养活老板，养活公司。”

“可以毫不夸张地说，一个大企业就像一个大家庭，每一个员工都是家庭的一员。就凭他们对整个家庭的巨大贡献，他们也实在应该取其所得。所以说，是员工养活了整个公司，公司应该多谢他们才对。

“对我自己来说，股东相信我，我能为股东赚钱则是应该的。我一向

这样想：虽然老板受到的压力较大，但是做老板的所赚的已经多过员工很多。所以我事事总不忘提醒自己，要多为员工考虑，让他们得到应得的利益。”

在李嘉诚的公司里，曾经有一个工作了十多年的中级会计，因为患了青光眼没有办法继续工作，此时公司规定限度的医疗费用都已用完了，其人生压力之大，可想而知。李嘉诚知道后，说了两句话：“第一，我再支持你去看病；第二，不知道你太太的工作是否稳定，如果是不稳定的话，可以来这里工作，我可以担保她有一份稳定的工作。你太太有一个稳定的工作，你就不用担心收入和生活了。”

后来那位患病的会计接受了医生的建议，到新西兰退休。事情本来应该就此过去了，然而难能可贵的是，多年来，每当李嘉诚在报章上看到关于治疗青光眼方面的文章，就会叫下属把那些文章寄往新西兰，寄给那位患有青光眼的会计，看看他知不知道这个消息，知不知道这些新的治疗方法，那个会计的全家都很感动。人们都说商场无情，李嘉诚却化无情为有情，上演了一幕动人的人情戏。

他说：“管理一间大公司，你不可能样样事情都自己亲力亲为，首先要让员工有归属感，使得他们安心工作。那么，你就首先要让他们喜欢你。”

一位长江实业的司机对采访李嘉诚的记者说：“我们真的很喜欢我们老板，他对我们非常好。他知道公司的公积金投资在外面遇到金融风暴，损失很多，老板填了那笔数，不让员工的公积金受损。”

李嘉诚从不要求员工要为公司效力终身，他总是做一些小事，让员工觉得值得为公司效力终身。他认为，要吸引好的员工，就要给他们好的待遇及前途，还有受重视的感觉。他体恤下属，让下属分享利益，使集团拥有更强的凝聚力。

李嘉诚将下属视为自己的家人，关照其生活，给予他们前途与年老后的保障，可谓是一切以员工利益为重，由此增强了员工对企业的归属感与凝聚力，为企业将来更好地发展打下了坚实基础。

一个人想要下属能全心全意为自己服务，那么就一定要让他看到希望所在，这样他才会拼搏向上；要给予他一定的后备保障，这样他才会免除后顾之忧，一心向前；要让他感觉到领导对他的重视，这样才能让他更清楚地认识到自己的价值，更加自信，更加努力。总之一句话：要像对待家人一样对待他们，使他们愿意为自己服务，商场、人生莫不如此。

“管”三

决胜千里之法

眼界决定成败。要想获得成功，就一定要有过人的眼光，把握机会，做人之所未做，行人之所未行。李嘉诚拥有独到的眼光，这使得他能够审时度势，把握住市场的脉搏，并能先想一着，先走一步，通过运筹帷幄来处处占领先机，从而让他在复杂多变、竞争激烈的当代社会中脱颖而出，不断地从一个成功走向下一个成功。

眼光独到，先人一步

李嘉诚语录：眼光独到是事业成功的重要因素。准确而有远见的预测往往决定一个人的成败。

李嘉诚在商场风云中磨砺了几十年，对经商总能做到纵横捭阖，气势恢弘，张弛有度。其实从少年时期，他就已经表现出了作为一个商人的独到眼光。

在中南钟表公司，李嘉诚从一个泡茶扫地的小学徒慢慢地升为公司属下的高升街钟表店店员。他年少位卑，但生活的境遇使他骨子里有股不屈的傲气，他渴望出人头地，渴望像在茶楼里遇到的那些大老板一样，干一番大事业。

一旦有了目标，他就义无反顾地去实现它。他把工余时间几乎全用在了学习上。李嘉诚利用自己所学，时刻关注着钟表业的市场信息。经过半年的观察分析，他逐渐形成了自己对钟表业现状和未来的成熟看法。

1946年上半年，香港经济迅速繁荣起来。中南钟表公司的业务也借着这股繁荣的大潮，取得了长足的发展，重新建立了东南亚的销售网络，港内港外的经销形势蒸蒸日上，营业额呈几何级数迅速递增。中南钟表公司创使人庄静庵（李嘉诚的舅舅）决心抓住大好时机拓展事业，再筹划办一家钟表装配工厂，然后将中南公司的业务逐步扩展为以自产钟表为主，建立香港的钟表基地。

李嘉诚也看好中南公司的前景，他更为香港经济的迅速繁荣而兴奋不已。李嘉诚站在维多利亚港湾边，眺望着尖沙咀五彩缤纷的灯光，开始思

考自己的人生之路。

经过仔细考虑，喜欢做充满挑战的事的李嘉诚决定离开中南公司，再一次到社会上闯荡，这一年他17岁。

李嘉诚认为，待在舅舅的羽翼下，更容易束缚自己，贪图安逸会磨去自己的斗志。他要趁现在年轻，多学一些谋生的本领，拓宽视野，增长见识，以实现自己做大事的愿望。

临行前，他对庄静庵就香港钟表业的前途做了一番今天看来依然堪称大商家眼光的分析。

李嘉诚认为，瑞士的机械表生产技术炉火纯青，举世无敌。而日本人则避其锋芒，瞄准空当，抢先开发了电子石英表的新领域，并很快占据了中档表市场。

于是，世界钟表市场便形成了这样的形势：高档表市场为瑞士人独霸，中档表市场则为日本人独占。这样，只剩下中低档表市场是可开拓的空当，李嘉诚建议舅舅迅速抢占这一滩头。

历史已经证实，后来的香港就正如李嘉诚所预言，以价廉物美的中低档表迎合了中下层顾客的需要，成为世界继瑞士、日本外的又一大钟表基地，中低档表生产成为香港的支柱产业之一。

后来，庄静庵的中南钟表公司成为香港钟表业界的巨擘，这其中是否与少年李嘉诚的建议有关联，就无从考证了。但不管怎样，少年李嘉诚的商业眼光已经颇具大家风范确是事实。

李嘉诚离开中南公司后在五金厂做过推销员。在跳出五金厂后，他仍十分感激五金厂老板的知遇之恩，尽管他也为老板立下了不少功劳，但他依然心怀愧疚之情。李嘉诚知恩图报，就像当年他离开舅舅的中南钟表公司时一样，他也向五金厂的老板提出了自己的建议。

他认为，办企业重要的是审时度势。五金厂要取得发展，只有两条路可走。第一，转行做前景看好的行业；第二，调整产品门类，尽量避免与塑胶制品冲突，占领塑胶制品不能替代的空当。

但是，五金厂老板并没有听从李嘉诚的建议，李嘉诚走后，他仍然坚持生产铁桶。结果，不久后危机果然降临，五金厂很快便奄奄一息，濒临倒闭了。老板焦头烂额，后悔不已。

李嘉诚是个重情重义之人。当他获知此消息后，马上专程赶往五金厂找到老板，劝老板立即停止生产镀锌铁桶，转为生产系列铁锁。

原来，李嘉诚一直关注着五金厂的前途。一来他想要证实自己的眼光是否正确；二来他认为五金厂对自己不薄，而自己跳了槽，心中总有一股歉疚之情，总想找机会报答。

因此，他经常抽空了解五金制品的市场行情。经过一番调查分析之后，他发现还没有哪一家五金厂专门生产铁锁，因此生产铁锁不存在与其他工厂的竞争。

李嘉诚坚信：生产铁锁稳保红火。李嘉诚进一步指出，为了保证稳步领先，还应制定计划，开发系列铁锁。否则，只要一发现有利可图，其他五金厂就会跟风而上，竞争会很激烈。只有永远先人一步推出新产品，才能稳操胜券。这一次，五金厂老板对李嘉诚言听计从，马上根据李嘉诚的建议组织人力开发系列铁锁。一年后，危机重重的五金厂重新焕发出勃勃生机，盈利丰厚。

这虽然与整个行业的变化形势有关，但李嘉诚的一番忠告可以说起到了关键作用。

后来，五金厂老板再次见到李嘉诚时，欣喜地说：“阿诚，你在我厂里时，我就看出你是个不寻常的后生仔，你将来准会干出大事业！”

的确，李嘉诚凭着他的过人胆识和超人一等的商业头脑，在商界越走越远，最终成为了震撼世界的商业泰斗。

商机在于发现。要在这个复杂多变、竞争激烈的社会中创立自己的事业，就必须拥有敏锐的眼光，以捕捉信息，把握商机。如果你能挖掘出潜藏的商机，做人之未曾做，行人之未曾行，那你离成功也就不远了。

审时度势，把握市场脉搏

李嘉诚语录：看清形势，选择等待，有时也不啻为做人经商的好计谋。

所谓“审时度势”，是成大事的经验之一，因为自己所做的事，只有顺应时代潮流的大趋势才可以成功，而不重视周边环境的人，其结果注定是失败。

市场的脉搏，是精明商人非常注意并善于把握的一个关键点。应该讲，最成功的商战都是紧跟市场而进行的一场智慧之战。

李嘉诚的发迹，是靠地产和股市，他的事业壮大，是一部中小地产商借助股市杠杆急剧扩张的历史。

李嘉诚的作风，让他成为生意场上的豪客。他的生意原则是赌，但又并不是无目的地赌博，而是把握市场脉搏来一个“审时度势”。

1972年，股市大旺，股民疯狂，成交活跃。李嘉诚借此大好时机，令长实骑牛上市。长实股票以每股溢价1港元公开发售，上市不到24小时，股票就升值1倍多。李嘉诚第一步迈进股市就是典型的“高出”。

接着，1973年大股灾突然爆发，恒生指数于1974年12月10日跌至最低点，1975年3月，股市形势好转，开始缓慢回升，深受股灾之害的投资者仍“谈股色变”，视股票为洪水猛兽。

这时，眼光独到的李嘉诚看到了股市的升值潜力，因此，在当时低迷不起的市价基础上，亲自安排长实发行2000万新股，以每股3.4港元的价格自购。

同时，李嘉诚还宣布放弃两年的股息，这既讨得了股东的欢心，又为

自己赢得了实利——股市渐旺，牛市一直持续到1982年香港信心危机爆发前。长实股升幅惊人，李嘉诚后来赢得的实利远远超过了当年放弃的股息。

“人弃我取，低进高出”是李嘉诚搏击股市的基本原则，他在这方面的实战案例不胜枚举。

1985年1月，李嘉诚收购港灯时，就是抓住了卖家置地公司急于脱手减债的心理，以比前一天收盘价低1港元的折让价，即每股6.4港元，收购了港灯34%的股权。仅此一项，就节省了近4.5亿港元。

六个月后，港灯市价已涨到8.2港元一股，李嘉诚又出售了港灯一成股权，结果净赚2.8亿港元。这就是低进高出，两头赚钱。

天水围之役，也是一次典型的“人弃我取，低进高出”战术运用实例。当时，由于香港政府的“惩罚性”决议，使天水围开发计划濒临“流产”，众股东纷纷萌发了退出之意。

早就看好天水围发展前景的李嘉诚，从其他股东手中折价购入股权。于是，嘉湖山庄大型屋村的宏伟规划催生了，长实成了两大股东中最大的赢家。

大型屋村的优点是综合能力强，集居住、购物、餐饮、消遣、医疗、保健、教育、交通为一体，便于集中管理，统一规划。屋村之外，还有相配套的工业大厦及社区服务物业。李嘉诚以开发大型屋村而蜚声港九。20世纪80年代，李嘉诚先后完成或进行开发的大型屋村有：黄埔花园、海怡半岛、丽港城、嘉湖山庄，李嘉诚由此赢得了“屋村大王”的称号。

这里显示了李嘉诚“避实就虚、人无我有”的战略思想。李嘉诚由此成为了独树一帜的地产大王。在香港，屋村与李嘉诚之间划上了一个等号。

1978年，港府开始推行“居者有其屋”计划，采取半官方的房委会与私营房地产商建房两条腿走路的方针。

建成的房分公共住宅楼宇与商业住宅楼宇两种：前者为公建，后者为私建；公房廉价出租或售给低收入者，私房的对象以中高消费家庭为主。

李嘉诚的大型屋村计划，就是为大众消费家庭推出的。

在港岛北岸的中区、东区、西区，每年都有高层住宅楼宇拔地而起，那是祖传地盘物业的业主和地产商收购旧楼拆除重建的，地盘七零八落，很难形成屋村的规模。

兴建大型屋村不难，难就难在获得整幅的大面积地皮。李嘉诚有足够的耐心，他不会坐等机会，他在筹划未来的兴业大计之时，仍保持长实的良好发展势头。

1979年3月，李嘉诚与会德丰洋行大班约翰·马登合作发展会德丰大厦。4月，他与“地主”广生行联手发展告士打道、杜老志道、谢斐道的三面单边物业，建成一座30万平方英尺的商业大厦。6月，他与约翰·马登再次合作组建美地有限公司，集资购入港岛、九龙、新界楼宇物业近20座。7月，与中资侨光置业公司合组宜宾地产有限公司，以3.8亿港元投得沙田广九铁路维修站上盖平台发展权，平台面积29万平方英尺，计划兴建30层高的高级住宅大厦和商业大厦。

同年，长实与美资凯沙、中资侨光，三方合作投资香港（中国）水泥厂（长实、凯沙各占40%股权，侨光占20%）。投资额（其中李嘉诚私人投资十亿港元）创香港开埠以来重工业投资最高纪录。该厂地皮面积180万平方英尺，位于新界屯门区，计划年产水泥140万吨。该厂于1982年年底建成投产。

1980年，长实联营公司加拿大怡东财务与九龙仓、置地、中艺（香港）、怡南实业、新鸿基证券合组联营公司，以13.1亿港元价格，投得尖沙咀西一幅7.1万平方英尺的综合商业大厦，建成的单位全部出售。

同年8月，李嘉诚与联邦地产的张玉良家族联手合作，斥资十亿港元购入国际大厦和联邦大厦，五个月后，以22.3亿港元出售，利润达100%以上。

有人问：“长实兴建和购得的楼宇，现在为何大部分做出售用途，而少做出租用途？”李嘉诚说：“这并不违背我们增加经常性收入的原则，因为要决定将楼宇出售或收租，须看时势及环境而定，而现时楼宇价

急升，售楼所能获得的利润远比租屋为多，在为股东争取最大利润的前提下，是将建成楼宇出售为合算。”

1980年11月，长实与港灯集团合组国际城市有限公司上市，共同开发港灯位于港岛的电厂零散旧址地盘。

20世纪70年代末至80年代初，李嘉诚在地产业的成绩不俗，令人刮目相看。几年之后，李嘉诚相继推出大型屋村计划，更是轰动一时，令全港瞩目。

李嘉诚一面对屋村运筹帷幄，伺机而动；一面脚踏实地、埋头苦干。人要两条腿走路方踏实，做生意亦如此。

1981年元月，李嘉诚正式入主和记黄埔任董事局主席。

李嘉诚收购和黄的动机之一，便是它的土地资源。先前，和黄洋行大班祈德尊，已开始在腾出的黄埔船坞旧址的地皮上发展地产，兴建黄埔新村。

祈德尊不谙地产之道，竟未能在这块风水宝地栽活摇钱树。祈德尊下台，韦理主政，仍未能如愿把财政黑洞填满，售房不拣时机，便宜了炒家，坑苦了股东。幸得这幅大型地皮未做满，使李嘉诚有施展的舞台。

李嘉诚酝酿大型屋村已有数年，他仍耐心等待。

1984年9月29日，中国总理与英国首相撒切尔夫人在京签订了《中英联合声明》。香港前景骤然明朗，恒生指数回升，地产开始转旺。

同年年底，和黄宣布投资40亿港元，在黄埔船坞旧址的地盘，兴建包括商业中心的大型住宅区——黄埔花园屋村。

据传媒披露，李嘉诚1981年就已计划推出这一宏伟项目。时值地产高潮，按当时地价计，和黄需补地价28亿港元。

黄埔花园所用地盘是黄埔船坞旧址。按港府条例，工业用地改为住宅和商业办公楼用地，须补地价。李嘉诚认为补地价太过于昂贵，遂决定暂缓计划。李嘉诚有意把与港府的谈判拖延至1983年的地产低潮，结果，李嘉诚以3.9亿港元获得了商业住宅开发权。

李嘉诚的审时度势，一下子节省补地价费用达24亿港元之多。这样，李嘉诚大大降低了发展成本，屋村的每平方英尺地皮成本不及百元。屋村计划尚未出台，李嘉诚已狠“赚”一笔，就此一点，已比祈德尊、韦理高出几筹，足见其“超人”之智。

整个黄埔花园，占地19公顷，拟建94幢住宅楼宇，楼面积约760万平方英尺，共11224个住宅单位，附有2900个停车位及170万平方英尺商厦。

地产低潮时补地价，地产转旺则大兴土木，地产高潮则出售楼宇，由此可见，李嘉诚是一个驾驭时势的优秀骑士。

1991年9月，李嘉诚斥资近13亿港元，购入一家有中资背景财团的19%股权。稍后，此财团收购了香港历史悠久的大商行“恒昌”。

四个月后，这个财团的大股东“中信泰富”向财团的其他股东发起全面收购，李嘉诚见出价尚可，便把手中的股权售出，总价值15亿多港元，李嘉诚净赚2.3亿港元。

低进高出，关键在于扣紧市场脉搏，眼光准，出手时机适宜。李嘉诚每一次大进大出，几乎都能准确地把握时机，预测股市未来的走势。

这似乎很神奇，其实不然，大凡股市的兴旺与衰微，大都与政治经济大环境有直接关系，大致有一定的规律性。要研究这一规律，就要时刻关注整个国际国内大环境的时势变化。一般股民坐井观天，眼睛只盯着股价变化表，而不探究大形势的变化。这样，就可能被表象、假象迷惑，时有被套住之虞，即使偶有所获，也不过是侥幸罢了。

如何灵活地运作自己的经商计划，当然离不开对商势的把握。商势之变，不可捉摸，常出人意料。所以，李嘉诚善于变通——“审时度势，整体组合”，此为李嘉诚经营宏观理念的具体表现，也显示了他的灵活运作思想。

识时务者为俊杰

李嘉诚语录：不论做什么生意，必先了解市场的需求预谋制胜，只有不断充实自己，才能追上瞬息万变的社会。

成大事者知道，只有嗅觉比别人敏锐才能抢先一步得到成功的机会，才能将自己的智慧发展到极致。那些感觉迟钝者则抢不到成功的先机，所以，终身碌碌无为。

李嘉诚指出，精明的商人只有嗅觉敏锐才能将商业情报作用发挥到极致，那种感觉迟钝、闭门自锁的公司老板常常会无所作为。

李嘉诚认为，预谋制胜兵法在今天使用起来应该更为容易和方便，因为现代科技使得信息的传达非常迅速，人们能够很快地掌握最新的事件和新闻，所以，采取预谋制胜把握更大。

在商业竞争中，日本人正是凭着嗅觉敏锐的长处，以预谋制胜之术而成为商业强国的。

20世纪80年代初，美国大地卷起了一股可怕的“黑旋风”——艾滋病！任何药物都阻止不了性接触后可能带来的恐怖后果——死神的光临。

既想保持开放的性观念又怕见上帝的美国人后来发现，有一种小玩意能够有效地抵挡死神的袭击，那就是——避孕套。

而当时，由于美国国内长期以来没有大量生产避孕套，现在市场需求突然猛增，数量有限的避孕套一时无法满足市场需求。

远在东半球的这一边，嗅觉敏锐的两位日本商人立即发现了这座“金山”，立即在最短的时间内，开足本公司的机器，加班加点生产成箱成箱

的橡胶避孕套，火速送进了美国市场。

一时之间，美国众多的代销店门庭若市，熙熙攘攘，两亿多只避孕套很快销售一空。

20世纪50年代初，李嘉诚在销售过程中特别注重黄金般的信息反馈，他从各种渠道得知，欧洲人最喜欢塑胶花。

在北欧、南欧，人们喜欢用它装饰庭院和房间，在美洲，连汽车上或工作场所，人们也会摆上一束塑胶花。在苏联，扫墓时用它献给亡者，表示生命早已结束，但留下的思想和精神是长青的。

于是，从20世纪50年代末起，李嘉诚生产的塑胶花便大量地销往欧美市场，获得海外厂商一片赞誉，一时间大批订单从四面八方飞来，年利润也从三五万上升到一千多万港元，直至1964年，塑胶花市场一直旺盛不衰。

从此，李嘉诚得出一条重要的投资秘诀：不论做什么生意，必先了解市场的需求预谋制胜，只有不断充实自已，才能追上瞬息万变的社会，他之所以获得巨大的成功，这一重要谋略功不可没。

塑胶花使李嘉诚成为“塑胶花大王”，并让他赚得盆盈钵满。

然而，物极必反。早在李嘉诚开发塑胶花之前，他就预见到塑胶花迎合社会发展的快节奏，只能风行一段时间。人类崇尚自然，而塑胶花无论如何也不能取代有生命的植物花。

执全港塑胶业牛耳的李嘉诚，常会思考这样的问题：塑胶花的大好年景还会持续多久?

长江公司拥有稳固的大客户，作为塑胶业的“大哥大”，自然还不愁市场问题。但是整个行业走下坡路，最后走向衰竭，已是不以人的意志为转移的大趋势。这样，竞争势必日益残酷。

此外，越来越多的因素在给李嘉诚敲响警钟。

塑胶厂遍地开花，塑胶花泛滥成灾。据港府劳工处注册登记的数据，塑胶及玩具业厂家，1960年为557家，1968年增加到1900家，1972年则

猛增到3359家。该行业的就业人员，由1960年占全港制造业劳工总数的8.4%，增加到1972年的13.2%。据估计，该行业的厂家，有半数以上是塑胶花专业厂和兼营塑胶花的。

塑胶花业的兴旺，除它自身的优点外，迎合了人们赶时髦的心理，也是其中的主要因素。曾几何时，富人穷人，皆以系塑胶裤带为荣，到后来，渐渐鲜有人问津，人们还是觉得真皮裤带好。

塑胶花何尝不是如此，塑胶花就是塑胶花，不可能完全替代有生命的植物花。李嘉诚从海外杂志上了解到，有的家庭已把塑胶花扫地出门，种植真花。国际塑胶花市场，渐渐向南美等中等发达国家转移，而这些国家也在利用当地的廉价劳动力生产塑胶花。香港的劳务工资逐年递增，劳务密集型产业非长远之计。

香港已出现过几次塑胶花积压，原因一是生产过滥，二是欧美市场萎缩，虽未造成大灾难，更未直接影响长江，却引起了李嘉诚的高度重视。

李嘉诚早有心理准备，因此，他见微知著，未雨绸缪。

他的未雨绸缪，亦是不断投资，强化塑胶业的竞争能力，而是顺其自然，采取一种无方而治的态度，让其自兴自衰。

除了那次石油危机，出面解救塑胶原料暴涨危机外，李嘉诚已基本不插手塑胶花事务。

李嘉诚把主要精力放在缔造以地产为龙头的商业帝国，这是他蕴藏于心多年的抱负。与塑胶花相比，后者显得更重要，他实现了他的抱负，舆论给他戴上了“超人”的桂冠。

识时务者为俊杰——李嘉诚正是这样一位商界俊杰。

用敏锐的眼光捕捉信息、把握商机。做人之未曾做，行人之未曾行，具备过人的胆识和超人一等的商业头脑，那你一定能成为商界中的佼佼者。

眼光独到，先想一着

李嘉诚语录：凡事能谋于未动察于未形，处处比别人先想一着，想不成功都难。

想做大事就要做别人没想过的事，比别人先走一步。尤其是经商，你要扩大自己公司的规模，就必须比别人有创意，不能走别人的老路子。在这方面，李嘉诚做得非常好。

数年前，第二代移动电话面市之初。在官地拍卖会上的李嘉诚突然离席到场外，掏出个大哥大打电话。

当时许多记者追上去，抢拍下这个镜头，次日照片就出现在香港的大小报刊上。许多家报刊还配上了如下妙文：

“超人推销有绝招，为和黄的摩托罗拉做广告，并且是不花钱的广告。这么多的记者拍照，这么多的报刊刊登，到哪去找超人要广告费?人们纷纷称李嘉诚广告手段之高妙。”

总算有负责的报章，当然也得倚仗记者的拍摄角度好，最后澄清的事实是：依放大的照片，此大哥大非摩托罗拉，恰恰是和黄的竞争对手代理的牌号。此大哥大哪里来的？也许是向旁边人借的，反正超人为下属公司做广告，子虚乌有。

但是李嘉诚善于为自己的产品做广告这一点，却不容否认。

李嘉诚是一个广告大师，一个随心所欲、能在举手投足中完成一个广告并取得良好效果的广告大师。例如：

李嘉诚拥有好几款轿车，名车、大众车皆有。其中有一部劳斯莱斯，买下已近30年。李嘉诚说，他自己轻易不用，只有陪客时才劳驾它代步。

李嘉诚的意思是，坐太名贵豪华的车，恐会使自己贪恋奢侈，忘记勤俭。但是现在，李嘉诚多数是坐日产总统型房车。

李嘉诚开始拥有这辆车时，这种房车名气并不大——香港人仍偏执地青睐欧美名车，而认为日本只配生产皇冠、丰田、本田等价廉省油的大众车。

李嘉诚具有名人广告效应，他拥有日产总统型房车，令此车身价大增，香港富豪纷纷选购此车，作为欧美名车的调剂。

当记者惊奇地发现，原来日产总统型房车为李嘉诚参股的中泰合诚汽车公司代理经销时，不禁瞠目——如此推销术，令人佩服得五体投地。李嘉诚的偏宠，救活了一种车。

李嘉诚并没有为总统型房车做一句话的宣传，但他的选择比任何广告更具威力。

精明的商家可以将商业意识渗透到生活的每一件事中去，甚至是一举手一投足。充满商业细胞的商人，赚钱可以是无处不在、无时不在。李嘉诚对隐形广告的运用可谓炉火纯青。

长实集团的盈利大头一直来自楼市。由于楼利滚滚，楼市的竞争异常激烈，楼市广告争奇斗妍。传统的屋村现场广告，均是大幅宣传画和霓虹灯等。李嘉诚别出心裁，在天水围的嘉湖山庄放激光广告。两个大型激光发射器，安装在楼顶，入夜便发射出多组五颜六色的激光，甚为壮观。

1996年春节，长实集团建设的嘉湖山庄举行丰富多彩的贺岁活动。除了舞龙舞狮这些传统项目，别出心裁的是一副挂在大厦外墙的对联，十分瞩目。

该对联宽25英尺、长175英尺，约18层楼高，颜色以红、金为主，象征鸿运当头、财源滚滚。对联上面写着“嘉湖千家贺新岁，山庄万户庆春风”14个大字，气势磅礴地俯瞰整个天水围区，令整个地区平添了不少新春气息，为区内及于春节期间前往天水围区的市民带来好运。这副对联因其奇大而成为春节期间人人争谈的话题。

此外，这年大年初七，香港公益金与长实举行全港首次新界西北区公益金百万行。李嘉诚、李泽钜、洪小莲、李业广等出席。

年初七是“人日”，李嘉诚特地向采访百万行活动的记者大派红包，每封200港元，出手阔绰。

香港《信报》报道此事说：“李超人每年只象征式收长实董事袍金5000元，但昨天收到‘超人’利是（红包）的记者保守估计也有四五十人，‘超人’支出肯定不止5000元，然则今年‘超人’的董事袍金已一次耗尽！”

春节是中国人的第一大节，此时最容易沟通感情。李嘉诚深谙人们的心理，抓住这个大好时机，利用贺岁活动拉近人们的距离，推广嘉湖山庄。

平时给记者派利是有贿赂之嫌，过年派利是则是天经地义、自然大方的事。取悦记者，实际上也是在通过记者打广告。

过一个春节，喜庆之中，李嘉诚还赋予了并不显得刻意却实实在在的商业意识，不愧是商界超人。

有人说李嘉诚举手投足皆广告，这未免说得过分了，但要说他善于取得随心所欲的广告效应，应当是符合实际情况的。

这说明，李嘉诚的广告意识已经深入到了他的日常言行之中，也表明了一般人与李嘉诚的差距之所在。

李嘉诚取得了别人没有达到的成就，这得益于他善于创意，做到了别人还未想过的事。

凡事能谋于未动，察于未形，处处比别人先想一着，先走一步，想不成功都难。

站在全球角度给自己定位

李嘉诚语录：十年前将只细船撑出去，证明中国人在外地发展业务，在异地做生意亦可同样出色。

在经商中，有许多路数可以遵循，但有一条是不能犯的，即不能只用狭窄的眼光看到脚下和面前的利益，而是要放开眼光，去看到更远的商机。

李嘉诚在这一点上极其睿智，他知道不能放开眼界，必然会钻入“牛角尖”中，只能在小打小闹方面做点小文章。因此他主张“经商不能在‘窝里’钻来钻去，而是要敢于打出投资的‘外国牌’”。李嘉诚毫无疑问是一个世界级大商人，20世纪80年代中后期，他在加拿大的投资就是明证。

20世纪80年代中后期，加拿大经济面临挑战。但加拿大最大的收获是“逮住”了世界华人首富李嘉诚，仅他一人，就为经济面临衰退的加拿大带来100多亿港元巨资。香港众多华商，唯李嘉诚马首是瞻，他的好友、同样是世界级华人富豪的郑裕彤、李兆基、何鸿燊等，竞相进军加拿大。

杜蒙特与范劳尔赴港专程采访，发现加拿大商务官员和商人为了便于与李嘉诚接触，把办公室也搬进了华人行。在决策阶段，李嘉诚几乎每天都要接待加方“猎手”，并与高级助手研究加方提供的投资项目。

一位加拿大商务官对李嘉诚简直是着了迷。他有一幅李氏的肖像（杂志封面），挂在办事处内，此人提到李嘉诚便赞不绝口，说道：“那是我心中的英雄人物！”

这位商务官很想让李嘉诚投资魁北克省，哪怕是买下皇家山的一座房

子、一间纸厂或一些餐厅连锁店，都十分欢迎。只要李氏肯投资，魁北克便可列入李氏的商业帝国版图，而且还可以吸引其他香港富商仿效。

马世民充当了李嘉诚的“西域”大使。他是力主海外扩张调门唱得最高者。李嘉诚萌生缔造跨国大集团的宏志，而和黄、港灯相继到手，现金储备充裕，自然想大显身手。

李嘉诚、马世民以及长江副主席麦理思，穿梭于太平洋上空。1986年11月，在加拿大帝国商业银行的撮合下，李氏家族及和黄通过合营公司Vnion-Faith投资32亿港元，购入加拿大赫斯基石油公司52%股权。时值世界石油价格低潮，石油股票低迷，李嘉诚看好石油工业，做了一笔很合算的交易。

这是当时最大一笔流入加国的港资，不但轰动加国，亦引起香港工商界的骚动。

其后，李嘉诚不断增购赫斯基石油股权，到1991年，股权增至95%。其中李嘉诚个人拥有46%，和黄与嘉宏共拥有49%，总投资为80亿港元。

李嘉诚的两个儿子都加入了加拿大国籍。他本人于1987年应邀加入香港加拿大会所，成为会员。每当李嘉诚出现在加拿大会所，驻港的加国官员及商人便把他如众星拱月般围住。一名了解中国文化的官员把李嘉诚称为“我们加拿大的赵公菩萨”。

香港舆论议论纷纷，有人说他是本埠华商最大的“走资派”；有人说他大肆收购欧美企业，是隐形迁册；还有人说他食言，准备大淡出。李嘉诚说：“因投资关系，我在1967年时已获得新加坡居留权，别人怎么说，我并不在意。”

1988年，兼任加拿大赫斯基公司主席的马世民，会见美国《财富》杂志记者时说：“若说香港对我们而言太小，这的确有点狂。但困境正在日渐逼近，我们没有多少选择余地。”

马世民还谈到收购赫斯基公司的波折。按照加拿大商务法例，外国人是不能收购“经营健全”的能源企业的。赫斯基在加拿大西部拥有大片油

田和天然气开发权、一间大型炼油厂及343间加油站。除石油降价因素带来资金周转困难外，并未出现债务危机。幸得李嘉诚已经安排两个儿子加入加拿大籍，收购计划才得以顺利通过。

李嘉诚投资英国几乎与加国同步进行。1986年，他斥资六亿港元购入英国皮尔逊公司近5%的股权。该公司有世界著名的《金融时报》等产业，在伦敦、巴黎、纽约的拉扎德投资银行拥有权益。该公司股东担心李嘉诚进一步控得皮尔逊，不甘让华人做他们的大班，于是组织反收购。李嘉诚随机退出，半年后抛出股票，盈利1.2亿港元。

1987年，李嘉诚与马世民协商后，以闪电般的速度投资3.72亿美元，买进英国电报无线电公司5%的股权。李嘉诚成为这间公众公司的大股东，却进不了董事局，原因是掌握大权的管理层提防这位在香港打败英国巨富世家凯瑟克家族的华人大亨。1990年，李嘉诚趁高抛股，净赚近1亿美元。

1989年，李嘉诚、马世民成功收购了英国Quadrant集团的蜂窝式流动电话业务，使其成为和黄通讯拓展欧美市场的据点。

李嘉诚进军美国的一次浩大行动是在1990年，试图购买“哥伦比亚储蓄与贷款银行”的30亿美元有价证券的50%，涉及资金近100亿港元。因为这家银行是加州遇到麻烦的问题银行，卷入了一系列复杂的法律程序中，结果，李嘉诚的投资计划搁浅。

李嘉诚在美国最合算的一笔交易，是他与北美地产大王李察明建立友谊。李察明陷入财务危机，急需一位“叠水”（粤语水即钱，意为很富有）的大亨为他解危，并结为长期合作伙伴。为表诚意，李察明将纽约曼哈顿一座大厦的49%股权以四亿多港元的“缩水”价拱手让给李嘉诚。

在新加坡方面，万邦航运主席曹文锦邀请香港巨富李嘉诚、邵逸夫、李兆基、周文轩等赴新加坡发展地产，成立新达城市公司，李嘉诚占10%的股权。

1992年3月，李嘉诚、郭鹤年两位香港商界巨头，通过香港八佰伴超市集团主席和田一夫，携60亿港元巨资，赴日本札幌发展地产。李嘉诚的

举动，引起亚洲经济巨龙——日本商界的小小震动，李嘉诚回答记者提问时说：“正像日本商人觉得本国太小，需要为资金寻找新出路一样，香港的商人也有这种感觉。一句大家都明白的道理，根据投资的法则，不要把所有的鸡蛋放在一只篮子里。”

国际化经营战略，是企业总体经营战略中十分重要的组成部分。在激烈的国际市场竞争中，许多企业比较重视运用产品、技术及价格等“刚性”手段，去争取优势，赢得胜利。然而，国际经济竞争已打破了地域、时空等局限，向全方位经营与竞争扩展，仅仅运用“刚性”竞争策略远远不能适应。因此，经营者必须在企业的各个方面，包括人员管理上有新的选择与举措。

企业要想在国际市场上竞争获胜，必须要有适合国际氛围的人才。掌握最现代化的经营手段，熟悉他国的文化、风土人情，掌握多门外语等都是对国际新型经营人才的要求。李嘉诚可谓深谋远虑，他似乎早已预料到国际化趋势的来临，因此，在20世纪70年代初便开始重用熟悉他国文化、语言以及社交手段的“洋大人”。

我们非常佩服那些做跨国生意的大商人，这些人眼界开阔、动作惊人、规模宏大，总觉得他们是真正的财富巨人。李嘉诚即为其一，他总是能站在全球的角度去给自己定位、选择经营方式，给世人带来震惊。这种强烈的震撼力，源于他的这样一个经商观念——真正的世界级大商人必定是以全球化经营战略为方案的。毫无疑问，这种全球化经营战略，体现了李嘉诚一贯主张的经商必须止偏的观点。

善于做长线投资

李嘉诚语录：最大的财富一定是时间最久的投资。

经商可分短线投资和长线投资。当然，最大利润的回报源于后者！李嘉诚非常注重自己的投资策略，提出了在必要时刻“舍短取长”的观点，其最大的特点是：宁要大商人式的长线投资，不要小商人式的短线投资。这倒不是因为李嘉诚看不起小商人，而是因为他摸透了投资回报的利润法则——“最大的财富一定是时间最久的投资”。因此他主张“放长线钓大鱼”式的经营战术。

Orange是和黄最为成功的投资典范之一。十年前，和黄注资五亿美元收购Orange发展电讯事业，眼下，Orange已位居英国第三大电讯公司，同时为以色列、香港及澳大利亚提供电讯服务。现今，和黄通过出售部分Orange股权取回全部投资成本，故此次的千亿港元交易全为投资利润。

和黄本是一家老牌英资企业，20世纪80年代初被李嘉诚的长江实业收购，组成长和系。在素有“超人”之称的李嘉诚的领导之下，和黄致力业务多元化及国际化，迄今已发展成为一个包括港口、电讯、地产、零售及制造、能源及基建等五大核心业务在内的综合性跨国企业。亚洲金融危机之后，和黄奉行“继续扎根香港，但同时也不排除在海外寻求投资机会”的经营策略，企业国际化进程加快。

1989年，和黄通过收购一家英国电讯公司，涉足英国电讯市场，但出师不利，处于长期亏损状态。当时和黄在英国推出的CT2电讯服务，名为

RAB-BJT（兔子），由于只能打出，不能打入，较同期其他技术逊色，因此不能吸引更多的客户，其产品模拟式电话价格迅速下跌，“兔子”只好宣布死亡，和黄也身受重伤，为此撤账14.2亿港元。

其后，和黄又于1994年投资84亿元成立Orange，推出个人通讯网络。起初这也不被业界看好，唯恐是CT2的翻版，不料后来却渐渐被消费者接受，手提电话的销售业绩不俗。1996年4月，Orange在英国上市，随即成为金融时报指数100的成分股，打破最短日期成为成分股的纪录，同时也为和黄带来41亿港元的特殊盈利，并已收回全部投资。该股份至今虽未有盈利，但股价却比上市时提高了六成多，其市值也由当时的200多亿港元增至2000多亿港元。到1997年，Orange的英国客户突破了100万，成为英国第三大流动电话商。1998年2月，和黄出售4.3%的Orange股份，套现53亿港元；加上并购交易所得的220亿港元现金、220亿港元票据，以及650亿港元的德国电讯公司股票，估计和黄在这棵“橙”树上的回报已超过十倍。

卖“橙”的成功，是和黄历史上最重要的一项交易，引起海内外市场的轰动，也引来无数人的羡慕，大家都想知道和黄集团主席李嘉诚经商的“秘诀”。在卖“橙”的记者会上，李嘉诚讲的一句话或许能给人以启示。他说，电讯业务是未来集团的发展重点，他已知道五年后和黄要做什么。同时，李嘉诚之子、和黄集团副主席李泽钜也谈到，做生意的时间规限是五年、十年，不是一年、两年，长实有些项目也是七年才有收成。可以说，着眼于未来、善于把握趋势是和黄成功的主要原因之一。

和黄集团从事电讯业已有十多年的历史，并非都是一帆风顺，也经历了不少曲折和艰难。在投资英国电讯市场初期，由于长期处于亏损状态，受到海内外证券业的不断批评，甚至有人认为和黄在英国的这项业务到20世纪末都不会有收获。即使是经营Orange，也是历经数年奋斗才有今天的结果。但是李嘉诚凭着对未来趋势的正确分析与把握，坚持不放弃。在市

场普遍对该项业务不看好的时候，他曾经亲自出面澄清市场上的传言．表示将继续支持在英国的电讯业务。果然只用了几年时间，和黄集团便从“橙”身上取得了惊人的回报。

这种前瞻未来的作风，使李嘉诚的事业在竞争激烈的商场上屡次取得引人注目的成功。

20世纪60年代靠经营塑胶花起家的李嘉诚，在此行业仍如日中天时，毅然出售其业务，改为投资地产业，奠定了他成为巨富的基础。到了20世纪90年代中期，李嘉诚又是香港大地产商中最早认识到地产业暴利时代已经过去的人，他在不停地出售手上即将落成的住宅物业的同时，积极向海外电讯业发展。目前，李嘉诚的和黄集团正在全力发展全球电讯市场，除投资英国外，和黄集团还向美国等国家的电讯市场进军。如1997年，和黄斥资24亿多港元，入股美国电讯公司WWC；1999年，和黄又宣布分拆以色列电讯在英美上市。

在完成出售Orange交易以后，和黄集团持有德国最大电讯公司Man-nes-mann10.2%的股权，其在欧洲的电讯业务将通过该公司发展及经营。在有记者问到出售“橙”之后，和黄集团的环球电讯业务长期发展策略是否有变化时，李嘉诚说，该集团仍会继续进行有关投资，并对其他国家电讯业务感到兴趣。他还表示，长实集团和和黄集团一定会参与高科技，而且可能与香港盈科数码动力合作。其中和黄正寻求发展电子商务，并可能于短期内将之分拆上市。此外，和黄集团的五大核心业务表现良好，未来将会继续发展。

同时，这一场欧洲电讯界的收购战，令李嘉诚长和系的股票价值大幅飙升，李嘉诚的财富激增至687亿元。短短一个月，和记黄埔股价已升逾三成六。

理财的手段之一是：做长线投资。对于一个聪明的有战略意识的商人而言，投资眼光直接决定成败。在这个问题上，许多人都曾遭遇过失败，并且屡屡走不出困境。那些敢于投资的人则是在“远”字上下工夫，施展大手笔。李嘉诚善于做长线投资，屡见成效。

幸运成就不了常胜将军，真正的胜者是会做长线投资的人。只看重眼前利益，热衷于短期投资的人永远只能做个朝不保夕的投机者。

“管”四

互惠互利之道

合作双赢为永恒之道。利益对人的行为有着最为持续和强烈的激励作用，要想使合作行为持久地维持下去，就必须兼顾好各方的利益，让大家都有利可图。李嘉诚是一位使用合作互惠的高手，他始终讲究一个“和”字，处处从他人的利益出发，坚持“利益共沾”的原则，主张让利于人和不占他人便宜，这使他与别人能够长久地合作下去，在别人得利的同时自己也得到了应有的利益，实现了自身事业的长足发展。

始终讲究一个“和”字

李嘉诚语录：我一直奉行互惠精神。当然，大家在一方天空下发展，竞争兼并，不可避免。即使这样，也不能抛掉以和为贵的态度。

李嘉诚从商多年，他在生意场上始终讲求一个“和”字，遵循“以和为贵”的原则。李嘉诚是开明之人，处处以和为贵，寻找共同点，非一般人所能及。收购和黄大获成功之后，在一片喝彩声中，李嘉诚并末沾沾自喜，而是显得异常平静，他明白，“前车之鉴，后事之师”，和黄前大班祈德尊的错误不能再犯。

李嘉诚初入和黄，出任执行董事时，在与董事局主席韦理及众董事交谈中，分明感到他们话中含有这层意思：“我们不行，难道你就行吗?”

李嘉诚是个喜欢听反话的人，他特别关注喝彩声中的“嘘声”，因为当时香港的英商华商，有些人持这种观点：“李嘉诚是靠汇丰的宠爱，才轻而易举购得和黄的，他未必就有管理好如此庞大老牌洋行的本事。”

当时英文《南华早报》和《虎报》的外籍记者，盯住沈弼穷追不舍：“为什么要选择李嘉诚接管和黄?”

沈弼答道：“长江实业近年来成绩颇佳，声誉又好，而和黄的业务自摆脱1975年的困境步入正轨后，现在已有一定的成就。汇丰在此时出售和黄股份是理所当然的。”他还说，“汇丰银行出售其在和黄的股份，将有利于和黄股东长远的利益。我坚信长江实业会为和黄未来的发展做出极其宝贵的贡献。”

这时的李嘉诚无疑面临着极其沉重的压力。他深感肩上担子的沉重，

生怕有负汇丰大班对自己的厚望。

俗话说："新官上任三把火。"但李嘉诚似乎一把火也没烧起来。尽管被诸多不信任的眼光包围着，他却毫无表现欲，只希望用实绩来证明自己。

初入和黄的李嘉诚只是执行董事。按常规，大股东完全可以凌驾于支薪性质的董事局主席之上。但李嘉诚从未在韦理面前流露出"实质性老板"的意思。实际上李嘉诚作为控股权最大的股东，完全可以行使自己所控的股权，争取董事局主席之位。但他并没有这样做，他的谦让使众董事与管理层对他更加敬重。

"忍一时风平浪静，退一步海阔天空"——李嘉诚的退让术，与中国古代道家的"无为而治"颇有异曲同工之妙。

按惯例，董事局应为他支付优厚的董事袍金，但李嘉诚坚辞不受。他为和黄公差考察、待客应酬，都是自掏腰包，从不在和黄财务上报账。能做到这点的人可谓少之又少，更多的人是利用自己的特权大捞特捞，比如香港著名的"股市狙击手"刘銮雄。他在自己所控的几所公司中能捞则捞，能宰则宰，使得小股东怨声载道，痛苦不堪。每次开股东大会，大家都吵得天翻地覆，不可收拾。

李嘉诚入主和黄实绩如何，数据最能说明问题。

李嘉诚入主前的1978年财政年度，和黄集团年综合纯利为2.31亿港元；入主后的1979年升为3.32亿港元；四年后的1983年，纯利润达11.67亿港元，是他入主时的五倍多；1989年，和黄经常性盈利为30.3亿港元，非经济性盈利则达30.5亿港元，光纯利就是十年前的十倍多。盈利丰厚，股东与员工皆大欢喜。

现在，不会再有人怀疑沈弼"走眼"，李嘉诚"无能"了。

也因为如此，李嘉诚很快便获得了众董事和管理层的好感和信任。在决策会议上，李嘉诚总是以商量建议的口气发言，实际上，他的建议就是决策——众人都会自然而然地信服他、倾向他。因此，在后来的股东大会

上，众股东一致推选李嘉诚为董事局主席。

李嘉诚不在和黄领取董事袍金，并非一时兴起，仅为博取众人好感，而是一贯如此。

但是付出就有回报。李嘉诚每年放弃数千万袍金，却赢得了公司众股东的一致好感。爱屋及乌，他们自然也会信任长实系股票，成为李嘉诚经营决策时的支持者。作为大股东和大户，股票升值，得大利的当然是李嘉诚。有公众股东的帮衬，长实系股票自然会被抬高，长实系市值必然大增，股民得到好处，李嘉诚欲办大事，就会很容易得到股东大会的通过，这种做法使双方均受益。

在香港这个拜金主义盛行、物欲横流的商业社会里，李嘉诚不为眼前的利益所动，处处照顾股东和公司的利益，实在是难能可贵，值得从商者借鉴。

生意场上以和为贵，互惠互利，是能使双方双赢的好事。大家合力就能办更大的事，为彼此带来更大的利益。许多人为争一时之气与人失和乃至势不两立，处处与之为难，这样做从长远考虑来说是得不偿失的。因为你在不给对方机会的同时也断送了自己的机会。以和求发展，双方均受益才是最高的境界。

坚持“利益共沾”的法则

李嘉诚语录：利人才能利己，使双方均能受益。

从1984年起，李嘉诚进行过三次私有化。具体说来就是改变原有上市公司的公众性质，使之成为私有公司。

1985年10月，李嘉诚宣布将国际城市有限公司私有化，出价较市价高出一成，小股东大喜过望，纷纷接受收购。

李嘉诚放弃了在股市熊市时低价收购以求对小股东公平。对此，李嘉诚解释说：“我们不是没想过，但趁淡市以太低的价钱收购，对小股东来说‘唔抵数’（不值得，不公平）。”

李嘉诚在股市中的形象一向极佳，原因是他时刻不忘照顾小股东的利益。由于得到股东拥戴，李嘉诚在股市中时常可以要风得风，要雨得雨，纵横股海，如鱼得水。

李嘉诚第二次私有化，是收购青洲水泥。同收购国际城市一样，这次的收购非常顺利。

1988年10月，长江实业宣布将青洲水泥私有化。长江控有其44.6%股权，以29港元每股的价格进行全面收购，收购价比市价高出13%，涉及金额11.23亿港元。到12月30日收购截止期，长实已购得九成股权，可以完成强行收购，完成私有化。全资控股后的青洲水泥成为该系全资附属上市公司，申请摘牌后就变成了长实旗下的私有公司。

李嘉诚对旗下公司私有化后，避免了业务重叠（如嘉宏与长实、和黄就存在这个问题），使机构更为精简。私有化之后，李嘉诚不必再使长实系所有公司的经营和实绩都暴露在公众面前，这样可以使他在许多商业活动中拥有更多的主动权。

李嘉诚的第三次私有化，可谓一波三折，远不如收购国际城市、青洲水泥那么顺利。

嘉宏是长实系四大上市公司之一，于1987年将港灯集团非电力业务分拆另组嘉宏国际集团有限公司而上市。上市时，嘉宏综合资产净值为44.57亿元。和黄控有宏嘉约54%的股权，宏嘉则控有港灯23%的股权。到1992年6月底全面完成收购时，市值达到155.09亿元。

1991年2月4日，控股母公司和黄宣布将嘉宏私有化建议，以每股4.1港元价格将嘉宏收归私有，涉及资金118亿港元，被称为香港有史以来最大的一次私有化计划。收购价比市价溢价7.2%，和黄当时拥有嘉宏65.28%的股权，实际动用资金41亿便可完成收购。

李嘉诚解释，这次收购主要原因是嘉宏盈利能力有限及业务与长实、和黄重叠，并声称不会提高收购价格，如有人肯出五港元的价格收购，他会考虑出售。

嘉宏资产估值在每股五至六港元，和黄开价4.1港元，这种做法显然是肥了大股东，而损害了小股东。

李嘉诚解释嘉宏盈利前景有限，应该是事实。但在1991年4月10日嘉宏股东会议上股东质询：嘉宏1990年财政年度业绩在（1991年）3月8日公布时，盈利状况甚佳，13.16亿港元的年盈利比上一年增幅达29%。另外，嘉宏所控的港灯市值连月上升，也会造成嘉宏资产值增高，这都有益于嘉宏的发展。

小股东纷纷质疑，并表示反对，嘉宏私有化建议最终以不足1/4的支持宣布“流产”。

当时证券界普遍认为，“流产”的原因是收购价偏低，收购方对嘉宏的评估与实际业绩的差异较大。和黄出价太低，远不及1987年上市供股价4.63元的水平。李嘉诚素来关注小股东的利益，而和黄的收购建议对小股东照顾不够，有失长实系的一贯作风，从而失去了小股东的支持，导致功亏一篑。

另外，小股东反对私有化，除认为和黄条件“苛刻”外，看好嘉宏的前景，舍不得“忍痛割爱”，则是私有化失败的另一大原因。

按规定，私有化失败，一年之内不得再提（私有化）建议，经历了一次失败的嘉宏未来的走向吸引着世人的眼球。

1992年5月27日，和黄重提嘉宏私有化。收购价每股5.5港元，较停牌前收盘价高出32%，涉及金额58.38亿元。

李嘉诚表示，私有化的目的在于简化机构。对和黄是否供股集资来筹措资金，李嘉诚不做表态。

在7月10日的嘉宏股东大会上，私有化建议以96.7%的赞成票权通过。

这次的收购价，比上一次的出价4.1港元提高了36.62%，但比之前估值每股6.4～6.5港元的水平仍有折让。

这次收购能够成功的原因就在于，大股东在保全自身利益的同时又顾及了小股东的利益，在利己的同时兼顾利人，利益均沾，大家受益。

在成功学中，有一条“互利法则”，即你给人一份利，别人就会给你一份利。“利益共沾”，是聪明商人遵循的法则。李嘉诚深知“利益共沾”的法则，他始终坚持：不独利己，更要利人，不能总把自己的利益摆在别人的利益之上，而是要学会利人法则。生活中也是如此，顾及对方的利益非常重要。一个人不能把目光仅仅局限于自己的利益上，自己舍得让利，让对方得利，最终还是会给自己带来较大的利益。

通过优势互补来谋取双赢局面

李嘉诚语录：抓住机遇，强强联合，优势互补，就能带来双赢的良好局面。

在成功抵御亚洲金融风暴的冲击之后，1998年，香港特区政府宣布将重点推动高科技和高增值产业的发展，以带领香港走出经济困局，把香港建设成为“国际中医药中心”。

为成为“国际中医药中心”，香港特区政府已制定出一项庞大的十年发展计划。

1999年7月，香港特区政府制定的《中医药条例》获得香港立法会通过。从此，香港所有中医师必须注册，而批发及零售中药材也需领有牌照。随后，香港特区政府根据《中医药条例》成立了中医药管理委员会，制定附属条例，使中医注册工作可以顺利展开。

2001年5月，香港中药研究院成立。研究院计划分阶段支持中药的标

准化和认证、产品研发、安全评估和药品成效临床科学研究，确保产品品质和成效，提高中药在国际上的认可性。

李嘉诚看好这个机会。他雄心勃勃，与香港新世界发展有限公司主席郑裕彤联手投资50亿美元打造香港“中药港”。

2003年11月25日，同仁堂集团旗下子公司“同仁堂国际”及其合资公司北京同仁堂泉昌有限公司正式在香港成立。当天，同仁堂集团副总丁永玲表示：“同仁堂将继续积极寻求实力雄厚的战略伙伴，采取更灵活的合资方式和经营模式，实施多元化的经营战略，使同仁堂的业务更加国际化。”丁永玲这番话并非空穴来风，时隔不久，业内就传出“百年老店同仁堂将与香港首富李嘉诚旗下的和记黄埔成立合资公司”的消息。

2003年12月13日，和记黄埔旗下全资子公司和记中药投资有限公司与同仁堂正式签约，双方合资成立“北京同仁堂和记医药投资有限公司”。该合资公司总投资额约为2.39亿美元，同仁堂与和记各占49%的股权，另由同仁堂选定的小企业出资占余下2%的股权。在此项合作中，和记黄埔投入了十亿元。

其实，李嘉诚与同仁堂的合作并不是刚刚开始。早在2000年，同仁堂科技在香港上市时，李嘉诚就以战略投资者身份成为其第二大股东。

签约的成功，意味着李嘉诚为自己打造“中药港”建立了储备丰富的“原料仓库”。

与内地和台湾相比，香港在中医药方面的基础薄弱，起步也比较晚。而且，李嘉诚打造“中药港”，在制造业方面香港并无现有资源可用，急需在内地寻找可合作的中药企业，使之与香港作为国际大都市和国际金融中心以及拥有丰富的国际市场销售经验的优势相结合。

签约的成功，意味着同仁堂迈出了海外投资发展战略的步伐。内地的中医药发展虽然十分成熟，却主要局限于国内市场，没有走向海外，发扬光大。而香港背靠内地，可以借助内地丰富的人才、科研、经验、原材料、产品等资源，成为引领内地中医药走向世界舞台的跳板。

作为有300年历史的同仁堂集团，如今拥有总资产28.8亿元，每年生产中成药一万多吨。到目前为止，同仁堂已取得生产批准文号的中成药品种近千个，常年生产的品种四百多个，并能生产24个剂型产品。同时经营各种中药材、中药饮片三千余种，还拥有药用动物养殖厂，每年向生产企业提供纯种乌鸡和优质鹿茸。在同仁堂的产品中，安宫牛黄龙、牛黄清心丸、乌鸡白凤丸、大活络丹、国公酒占据着同类市场的大半江山，每年在国内市场的销售额高达上亿元。

无论如何，双方都是重量级的人马，这是一次“门当户对”的“联姻”。

2002年，国务院发展研究中心为同仁堂制定了十年发展战略，计划利用三至五年时间建立并完善国内、国际比较稳固的销售网络。国内建500家连锁药店，海外建100家连锁药店，实现销售额50亿元，初步形成跨国公司的框架；利用五至十年时间实现企业的快速发展，实现销售总额200亿元，使同仁堂中医药集团成为国际传统医药的知名企业。

按照同仁堂国际董事总经理丁永玲的说法，同仁堂的目标就是：“凡是有华人的地方，都会有同仁堂。”

“站稳亚洲、迈进欧洲、渗透美洲、开辟大洋洲”是董事长殷顺海为同仁堂制定的海外发展战略。“国际天然药物市场的第一品牌”则是同仁堂发展的终极目标。

当时，同仁堂已经在马来西亚、印尼、澳大利亚、英国、泰国、澳门、加拿大、美国等地开办了合资公司和连锁药店。在向海外市场迈进的过程中，同仁堂利用“金字招牌”的优势，以品牌作为无形资产入股。在同仁堂与英国和香港的合作中，同仁堂仅以品牌参股，就占了25%的股份，而在国内国际开办的这些药店挂在集团名下。

不过，虽然定位国际市场，同仁堂科技的产品主要还是销往内地，外销能力差强人意。2003年前三个季度，同仁堂科技的药品在中国的销售额6.16亿港元，在海外销售额仅为2900万港元。但是，由于中国传统中医药理论与西方现代医学体系存在较大差异，中医药的作用机理无法用现代医

学理论来解释。因此，这一直是阻碍我国中医药走向世界的一道难题。这使得中国中医药长期游离于国际主流医药市场之外。多年以来，国内的中药出口基本上以中药材为主，中成药仅占我国出口额的20%～30%。而日本、韩国则凭借发达的中药产业及其技术开发优势，通过对由中国进口的中药材原料进行深加工后，垄断了90%的国际植物药材市场份额。国内的中药多是以健康食品的方式进入国际市场，既拿不到OTC的牌，也无法获得处方药的证书。像“三九胃泰”等国内知名中药产品，都是贴着“健康食品”的标签远销十几个国家和地区的。

中医现代化是一个复杂的过程。资本的介入无疑能够提高中药现代化的研究速度，加快中药进军国际市场的步伐。因此，寻求与国际集团的合作，成为中药产业走向世界的一个重要步骤。

这样一来，李嘉诚携手“大宅门”，迈入同仁堂，就成为一个极其自然的选择。一个是创建于清朝康熙年间的闻名遐迩的中药老字号，一个是财大气粗的香港首富，这桩“门当户对”的医药“联姻”自然成为2004年中国医药行业整个重组并购事件中的一大亮点，让业内人士尤其是中医药界人士无不为此感到精神大振。

同仁堂的一位负责人表示，这是同仁堂近几年“收到”的最大一笔投资。这笔资金的到来无疑将给同仁堂注入新鲜的血液，成为同仁堂事业发展的强劲助推器。

同仁堂的目标是，在六年内把目前在国内的300多家零售药店扩展至900家，五年内，把目前的十多家海外零售药店增加到100家，使同仁堂成为国际知名中医药企业，并把国内发展成熟的中医药推向国际医药市场。这与李嘉诚打造香港“国际中医药中心”的初衷不谋而合。

国家食品药品监督管理局副局长任德权说：“中西方文化在这里（香港）和谐交融，为中医药的发展提供了得天独厚的条件。香港的特殊地位决定了香港在中医药现代化、国际化的进程中必然具有特殊的地位，必将发挥重要作用。”

因此，同仁堂与李嘉诚的和记黄埔的结合，无疑实现了内地与香港中医药的优势互补。同仁堂也将凭借自身在产品、技术及人才等方面的资源背靠李嘉诚这棵有着丰富的国际市场销售经验及雄厚实力的大树，加快向海外扩张的步伐，以香港为跳板，引领中国的中医药走向国际舞台。

任何人都有其优势和擅长的一面，同时也不可避免地存在着不足的一面。当别人的长处恰好能弥补你的不足，你的长处又恰恰是对方所不具备或不擅长的时候，你们就有了形成优势互补合作的机会，这样的合作可以发挥你和对方的优点。可想而知，当双方将自己的优点尽量发挥出来的时候将会给合作带来怎样积极有利的影响。这样有效的合作无疑能够使双方共谋发展，形成双赢。

舍小利方可取大利

李嘉诚语录：经商应该讲利，但要对利有一个正确的估算，绝不能把天下所有利全盘皆收，而是要“舍小利取大利”，让大家都有蛋糕可吃。

商人对“利”字的感觉是异常敏锐的，并时常把自己的一言一行都与“利”字相连。本来，这是无可厚非的，但有些商人往往钻到了钱眼里，贪婪之心越来越膨胀。李嘉诚主张“经商应该讲利，但要对利有一个正确的估算，绝不能把天下所有利全盘皆收，而是要‘舍小利取大利’，让大家都有蛋糕可吃”。这就是李嘉诚坚守的让利与得利的哲学。

李嘉诚控有香港最大的综合性财团，多年荣膺香港首富乃至世界华人首富称号。他同时又是个道德至上者。他说的话符合道德规范，堪称道德圣典。他既是这般说的，亦是这般去追求的，谨慎小心，唯恐有什么闪失。

在西风氤氲的十里洋场香港，李嘉诚能将致富与守道德较好地结合一

体，实为难得。对这么一个“完人”，一般的商家，谁不愿意与他做生意呢?由此可见，既守道德又生财有术者，实在是商家之上乘者。同理，企业富有凝聚力，员工精诚团结，为老板出力，这个企业必定大有前途。

俗话说，舍不得孩子套不了狼。有人目光只停留在眼前利益上，做生意不舍一分一厘，只求自己独吞利益，恰好是一时赚得小利而失去了长远之大利，可谓是捡了芝麻丢了西瓜。

李嘉诚正相反，他舍弃了小利，而赢得了大利。小利不舍，大利不来，这是定则。

李嘉诚曾对他的儿子说过：“如果一单生意只有自己赚，而对方一点不赚，这样的生意绝对不能干。”

李嘉诚的意思是，生意人应该利益均沾，这样才能保持长久的合作关系。相反，光顾一己之利益，而无视对方的权益，则只能是一锤子买卖，自己将生意做断做绝。

李嘉诚对儿子的劝诫，实在是商界之道，是经商制胜的法宝。

经商求利，但不能只为利而采取令人厌恶的手段。小商人总会在各方面挖利润，但大商人则是舍小利、求大利。这不是简单的互换原则，而是对获利之道的聪明之举。李嘉诚认为，一个只图小利的人，终究成不了大商人，这个道理放之四海而皆准。有些人相信贪利才能暴富，是的，这些人叫暴发户，而不叫大商人；真正的大商人都是舍小取大的财富巨子，他们敢舍敢收，心胸开阔，合理打造自己的财富天下。

主张让利于人的理念

李嘉诚：我喜欢友善交易，这是我的哲学，我曾告诫两子，不要占任何人便宜。

李嘉诚主张让利于人，是一种大商人的经商理念。李嘉诚认为，商人是天生的平等派，商人交往遵循的是自愿、平等原则。孔子思想中最伟大的成就，就是他对“人”的发现和关于“人”的理论的创立，他提出“仁者爱人”和“泛爱众”的主张，就是要贵族阶级把被统治阶级的奴隶当人看待，承认对方是人而不是牲畜，这在人格上便是人与人的平等，这就是孔子的“仁”的历史社会意义，也可以说是孔子的平等自由的新人类观，它为古今商业交往奠定了一条基本的道德规则。

商战重在功利，即在商业经营中强调物质利益和物质刺激。应该说，各种物质利益是客观存在的，也是人们行为的出发点和动力所在。但是，人的欲望绝不只是物质的，还应有丰富多彩的精神追求。从这个意义上来说，片面强调物质利益和物质刺激，就会误入歧途，使人越发向钱看。同时，人的物质需求欲望无节制地增长，往往会远远地超过社会财富的增长速度，如果过分地刺激人的物质欲望，就会激化社会矛盾，造成社会不安定因素。孔子的商战伦理，既承认表示个人物欲的“利”，又强调代表利公利他精神的“义”，主张“义”和“利”的统一，提倡“利以义制”、“先义而后利”，从而为商业的正常运行提供了一种道义的协调力量。

日本企业家松下幸之助在日记中写道：“据说学围棋的人，大约下过一万次棋便可拥有初段的实力。培养纯洁之心的情形亦然。首先，早晚要

着意于培养纯洁之心，并反省自己的日常行为是否有不好的态度。这样持续一年、两年，做一万次，亦即经过了30年以后，即可达到纯洁初段的程度，达到纯洁初段时，才能算是拥有正常人的心态。这时，所有的判断和行动大致不会有什么差错了。”

松下先生在另一则日记中说：“我认为成功的经营者和失败的经营者之间最大的分别，在于究竟能做到几分大公无私，以无利之心观察事物。以私心，也就是以私人的欲望经营的人，必定失败。能战胜私欲的经营者，才能促使事业兴盛繁荣。一切以公利为出发点，不为私欲所蔽。换言之，需有一颗正直的心。所以，我认为最重要的就是不受私欲诱惑，以纯正之心观察事物，而且经常审视自己、告诫自己。”

作为一个理智的商家，就一定要具有长远的战略眼光。应该把精力首先集中在强化巩固自己的内部机制，然后选具有战略眼光的“势”，通过“设点”、“连线”、“立柱”等隐蔽的有效的手段去围形，最后形成固若金汤的势力。只有这样，才能在竞争中获胜。相反，今天与这家公司争小利，眼睛死死盯在眼前的利益上，一方面会因把精力耗于此种竞争上而无精力去“造大势”；另一方面会因争小利而得罪周围的同行，树敌过多，被人联合而攻之。

所以，你千万不要“铁公鸡一毛不拔”，相反，倒要经常让些小利给别人。让小利于别人，眼下好像吃了点亏，但从长远观点看并非吃亏。让小利于别人，别人不仅不会因争利而与你敌对，反而会生出感激之情，信任于你。取得别人的信任比什么都重要，而取得同行的信任就更为重要。信任你的同行，他们不仅不会暗拆你的墙脚，关键时刻还会帮你一把。即使他们不能帮你，也不会落井下石。

让利于人，一定要让得巧妙，否则也难以收到预期的效果。所谓巧妙，其实质在于，要抓住对方的需求心理，给予他想要得到的东西。如旅店免费为顾客提供生活用品，饭店无偿为顾客提供茶水等，都是给予顾客需要的利益。再如有的商店送货上门、免费维修等，也是满足顾客需求利

益的做法。

顾及对方的利益是最重要的，不能把目光仅仅局限在自己的利上。让利和得利是相辅相成的，自己舍得让利，让对方得利，最终就会给自己带来较大的利益。

占小便宜的人不会有朋友，这一条在商场也是一样适用。

善于义利结合

李嘉诚语录：交情才是学问。世界上每一个人都精明，要令大家信服并喜欢和你交往，那才是最重要。

和记黄埔，是香港第二大英资洋行，资产价值达60多亿港元。而长实只是一个资产价值不到七亿港元的中小型公司。李嘉诚不但控得和黄，还做到“兵不血刃，”他由此而被誉为“超人”。和黄一役，李超人究竟有何超人高招?

李嘉诚退出九龙仓角逐，将目标瞄准另一家英资洋行——和记黄埔。

和黄集团由两大部分组成，一是和记洋行，二是黄埔船坞。和黄是当时香港第二大洋行，又是香港十大财阀所控制的最大上市公司。

和记洋行成立于1860年，主要从事印度棉花、英产棉毛织品、中国大陆地区茶叶等进出口贸易和香港零售业。初时规模名气不大，远不可与怡和、置地、邓普、太古等洋行相比。到第二次世界大战前，和记有下属公司20家，初具规模。

黄埔船坞有限公司的历史，可追溯到1843年，林蒙船长在铜锣湾怡和码头造木船；船坞几经迁址，不断充资合并易手，成为一家公众公司。

到20世纪初，黄埔船坞与大古船坞、海军船坞并称为香港三大船坞。

第二次世界大战之后，几经改组的和记洋行落入祈德尊家族之手。该家

族与怡和凯瑟克家族、太古施怀雅家族、会德丰马登家族，并列为香港英资四大家族。20世纪60年代后期，祈德尊雄心勃发，一心想成为怡和第二，他趁1969年至1973年股市牛气冲天，展开了一连串令人眼花缭乱的收购，把黄埔船坞、均益仓、屈臣氏等大公司和许多未上市的小公司收归旗下，风头之劲，一时无二。

祈德尊掐准了香港人多地少、地产必旺的产业大趋势，关闭九龙半岛东侧的码头船坞，将修船业务与太古船坞合并，迁往青衣岛，并将其他仓场码头，统统转移到葵涌去发展，腾出的地皮，用来发展黄埔新村、大同新村、均益大厦等。祈德尊满天开花大兴土木获利颇丰，因此地产成为集团的支柱产业。

他一味地吞并企业，鼎盛期所控公司高达360家，其中有84家在海外。祈德尊虽长有“钢牙锐齿”，“肠胃功能”却太差，“腹泻不止”——不少公司状况不良，效益负增长，使他背上了沉重的债务负担，幸得股市大旺，祈德尊大量从事股票投机生意，以获取利益回来弥补财政黑洞。

1973年中股市大灾，接着是世界性石油危机，接着又是香港地产大滑坡。投资过速、战线过长、包袱过沉的和记集团掉入财政泥潭，接连两个财政年度亏损近两亿港元。

1975年8月，汇丰银行注资1.5亿港元解救，条件是和记出让33.65%的股权。汇丰成为和记集团的最大股东，黄埔公司也由此而脱离和记集团。

汇丰控得和记洋行，标志着祈德尊时代的结束，和记成了一家非家族性集团公司，由韦理主政。后来，和记再次与黄埔合并，改组为“和记黄埔（集团）有限公司。韦理有“公司医生”之称，但他一贯是做智囊高参辅政，而从未在一家巨型企业主政。又因为祈德尊主政时，集团亏空太大，“公司医生”韦理上任，也未能妙手回春——和黄的起色不如人们预想得好。

乘虚而入，是战场常见并且有效的战术。李嘉诚在觊觎九龙仓的同

时，也垂青和记黄埔。他放弃九龙仓，必然要把矛头对准和黄。

收购沦为公众公司的和记黄埔，至少不会像收购九龙仓那样出现来自家族势力的顽抗反击。身为香港第二大洋行的和黄集团，各公司归顺的历史不长，控股结构一时还未理顺，各股东间利益意见不合，他们正企盼着出现“明主”，力挽颓势，使和黄彻底摆脱危机。只要能照顾并为股东带来利益，股东不会反感华人大班入主和黄洋行。避实击虚，去瘦留肥，这便是李嘉诚舍弃九龙仓而收购和黄的出发点。

和黄拥有大批地皮物业，还有收益稳定的连销零售业，是一家极有潜质的集团公司。香港的华商洋商垂涎这块大肥肉者大有人在，只因为和黄在香港首席财主汇丰的控制下，均暂且按兵不动。

李嘉诚很清楚，汇丰控制和黄不会太久。根据公司法、银行法，银行不能从事非金融性业务。债权银行，可接管丧失偿债能力的工商企业，一旦该企业经营恢复正常，必将其出售给原产权所有人或其他企业，而不是长期控有该企业。

在李嘉诚吸纳九龙仓股之时，他获悉汇丰大班沈弼暗放风声：待和记黄埔财政好转之后，汇丰银行会选择合适的时机、合适的对象，将所控的和黄股份的大部分转让出去。这对李嘉诚来说是个福音。

李嘉诚权衡实力，长江实业的资产才6.93亿港元，而和黄集团市值高达62亿港元。长实财力不足，蛇吞大象，难以下咽。若借助汇丰之力，收购算成功了一半。

李嘉诚梦寐以求成为汇丰转让和黄股份的合适人选，他停止收购九龙仓股的行动获汇丰的好感就是为了得到汇丰回报。这份回报是不是和黄股票，李嘉诚尚无把握。

为了使成功的希望更大，李嘉诚拉上包玉刚，以出让1000多万的九龙仓股为条件，换取包氏促成汇丰转让9000万和黄股的回报。李嘉诚一石三鸟，既获利5900万港元，又把自己不便收购的九龙仓让给包氏去收购，还获得了包氏的感恩相报。

在与汇丰的关系上，李嘉诚深知不如包玉刚深厚。包氏的船王称号，一半靠自己努力，一半靠汇丰的支持。包氏与汇丰的交往史长达二十余年，他身任汇丰银行董事（1980年还任汇丰银行副主席），与汇丰的两任大班桑达士、沈弼私交甚密。

李嘉诚频频与沈弼接触，他吃准汇丰的意图：不是售股套利，而是指望放手后的和黄经营良好。另一方面，包氏出马敲边鼓，自然马到成功。

于是，1979年9月25日夜，在华人行21楼长江总部会议室，长江实业（集团）有限公司董事局主席李嘉诚举行了长实上市以来最振奋人心的记者招待会，一贯沉稳的李嘉诚以激动的语气宣布："在不影响长江实业原有业务基础上，本公司已经有了更大的突破——长江实业以每股7.1元的价格，购买汇丰银行手中持占22.4%的9000万普通股的老牌英资财团和记黄埔有限公司股权。"

在场的大部分记者禁不住鼓起掌来。有记者发问："为什么长江实业只购入汇丰银行所持有的普通股，而不再购入其优先股?"

李嘉诚答道："以资产的角度看，和黄的确是一家极具发展潜力的公司，其地产部分和本公司的业务完全一致。我们认为和黄的远景非常好，由于优先股只享有利息，而公司盈亏与其无关，又没有投票权，因此我们没有考虑。"

李嘉诚被和记黄埔董事局吸收为执行董事，主席兼总经理仍是韦理。

记者招待会后的一天，和黄股票一时成为大热门。小市带动大市，当日恒指急升25.69点，成交额四亿多港元，可见股民对李嘉诚的信任。李嘉诚继续在市场吸纳，到1980年11月，长江实业及李嘉诚个人共拥有的和黄股权增加到39.6%，控股权已十分牢固。其间，未遇到和黄大班韦理组织的反收购。

1981年1月1日，李嘉诚被选为和记黄埔有限公司董事局主席，成为香港第一位入主英资洋行的华人大班（包玉刚入主的怡和系九龙仓不属独立洋行），和黄集团也正式成为长实集团旗下的子公司。

李嘉诚以小搏大，以弱制强。长江实业实际资产仅6.93亿港元，却成功地控制了市价62亿港元的巨型集团和记黄埔。按照常理，既不可能，更难以令人相信，难怪和黄前大班韦理，会以一种无可奈何又颇不服气的语气对记者说："李嘉诚此举等于用2400万美元做订金，购得价值十多亿美元的资产。"

和黄一役，与九龙仓一役有很大不同，李嘉诚靠"以和为贵"、"以退为进"、"以让为盈"的策略，赢得了这场香港开埠以来特大战役的胜利。

此役使李嘉诚博得了"超人"雅号，但他并不以为他有什么超人的智慧。他避而不谈他的谋略，而对汇丰厚情念念不忘，"没有汇丰银行的支持，不可能成功收购和记黄埔。"

事实确如李嘉诚所说的那样，但也可以看出他为人的厚道。

沈弼是汇丰发展史上最杰出的大班，他的杰出之处，就是以银行的切身利益为重，而不在乎对方是英人还是华人。道理如沈弼自己所说："银行不是慈善团体，不是政治机构，也不是英人俱乐部，银行就是银行，银行的宗旨就是盈利。"

沈弼在决定此事时，完全没有给其他人有角逐的机会而是一锤定音。消息传出，香港传媒大为轰动，争相报道这一香港商界的大事。

1979年9月26日，《工商晚报》称长江实业收购和记黄埔，"有如投下炸弹"，"股市今晨狂升"。

《信报》在评论中指出："长江实业以如此低价（暂时只付20%，即1.28亿港元）便可控制如此庞大的公司，拥有如此庞大的资产，这次交易可算是李嘉诚先生的一次重大胜利……

"购得这9000万股和记黄埔股票是长江实业上市后最成功的一次收购，较当年收购九龙仓计划更出色（动用较少的金钱，控制更多的资产）。李嘉诚先生不但是地产界强人，亦为股市炙手可热的人物。"

李嘉诚、包玉刚双双入主英资大企业，还引起国际传媒界的关注。

美国《新闻周刊》在一篇新闻述评中说：“上星期，亿万身家的地产发展商李嘉诚成为和记黄埔主席，这是华人出任香港一家大贸易行的第一位，正如香港的投资者所说，他不会是唯一的一个。”

英国《泰晤士报》分析道：“近一年来，以航运业巨子包玉刚和地产巨子李嘉诚为代表的华人财团，在香港商界重大兼并改组中，连连得分，使得香港的英资公司感到紧张。

“众所周知，香港是英国的殖民地，然而，占香港人口绝大多数的仍是华人，掌握香港政权和经济命脉的英国人却是少数。第二次世界大战以来，尤其是六七十年代后，华人的经济实力增长很快。

“有强大的中国做靠山，这些华商新贵们，如虎添翼，他们才敢公然在商场与英商较量，以获取原属英商的更大的经济利益，这使得香港的英商分外不安。连世界闻名的怡和财团的大班大股东，都有一种踏进雷区的感觉。英商莫不感叹世道的变化，同时，也不能不承认包玉刚、李嘉诚等华商，能与英国商界的优秀分子相提并论。”

这篇文章，试图以时代背景探讨华商得势的原因。文章的某些提法有些偏颇，并含有“大英帝国”的口气，但总的来说对李氏、包氏的评价也还中肯。

从商战谋略方面说，李嘉诚在入主和黄的过程中引人注目的是：

第一，他在实际收购和黄之前，早已做好了人事方面的铺垫，其收购九龙仓就是收购和黄的序曲，而收购和黄不过是在此基础上的“树上开花”而已。

第二，李嘉诚梦寐以求成为汇丰转让和黄股份的合适人选，他停止收购九龙仓股的行动，获汇丰的好感就是为了得到汇丰在和黄一役中给予回报。

第三，由于事先做好了人事方面的铺垫，整个收购过程没有剑拔弩张，没有重锤出击，没有硝烟弥漫，而是和风细雨，兵不血刃。故有人道：“李氏收购术，堪称商战一绝。”

成大事者善于义利结合，义、利是成大事的两个支点，义支撑着做人的公平，利为做大事业提供驱动。谋利和取义，无论失去哪一点，都成不了大事。

处处为他人着想

李嘉诚语录：对自己要节俭，不可以乱花钱，但对朋友则一定不可以吝啬，一定要多花钱于朋友身上。

李嘉诚的立身处世哲学，其中一点就是为他人着想，顾及他人的利益。眼光短浅的人只会见到自己的利益而不会考虑其他人的利益，眼光长远的人才知道互惠互利才是在社会上的共存之道。不单是互惠互利，如果每一个人都能够考虑其他人的利益，这个社会一定会是一个更加融和、温暖、理想的社会。

在李嘉诚所统领的大小企业内，员工的流失率极低，而且从来没有发生过工潮，员工们都以在李嘉诚属下的机构工作为荣。为什么呢？就是因为李嘉诚关心他属下企业员工们的利益。他所统领的企业，员工都肯与公司共同进退，大家有一致的利益。公司好，即是员工好，员工们都了解到这一点。

在对朋友方面，李嘉诚认为，对自己要节俭，不可以乱花钱，但对朋友则一定不可以吝啬，一定要多花钱于朋友身上。这又是为了什么呢？在商场之内，我们应该多交朋友，所以花钱于朋友身上，建立交情是应当的。但除此之外，李嘉诚所谓应该花钱于朋友身上，不单为建立交情，还包括有机会就应该帮助朋友，而且不要和朋友过于计较，应当以他们的利益作为大家交往的出发点，不可以处处以自利为先。在商场里或是在人际交往中，我们如果能够做到处处为朋友着想，就一定会找到真正的朋友。

找到真正的朋友，我们就有机会互相鼓励、互相扶持，有困难之时，也有朋友为我们分忧。遇到生意上的问题需要决策时，也可以多一个智囊。只要你肯为他人着想，其他人是会感受到的。

李嘉诚热心公益事业，捐款兴建汕头大学就是一个很好的例子。他所捐的款项，我们难以统计，因为李嘉诚捐款时不肯张扬。这都是因为他能够为生活较不理想或是遭逢不幸的人着想，而不计较个人的利益。

除了为股东们、为员工们、为朋友们、为公益事业外，李嘉诚为他人着想的人生哲学更扩展到爱国爱民族的层面上。李嘉诚说过，“我个人对生活无所求，吃住都十分简单。上天给我恩赐，我并没有多要财产的奢求。如果此生能够多做点对人类、民族、国家长治久安有利的事，我是乐此不疲的”。李嘉诚处处为人着想的处世哲学，到最后发展成为一种伟大的情怀，是值得我们尊敬的地方。

他曾说过：“一生中做很多事，的确是付出金钱、时间和心血。对别人做出贡献令我引以为荣和自傲。”如果我们都可以做到这一点，社会的治安一定会更好，人与人之间的关系一定会更融洽，朋友亲人之间的感情一定会更深厚，商场上的相互信任一定会增加，遭遇不幸的人一定会得到更多温暖，这个世界一定会有更多的温情。

顾及他人利益是一种处世哲学，但未必人人都做得到。从李嘉诚成功的经历中我们知道，为他人着想，我们也会因此而得益。我们为何一定要执著于自己的利益呢？多为他人着想，利人利己，岂不是更好？

“管”五

长袖善舞之要

资本运作才能创造财富的神话。资本运作是一项复杂的智慧活动，不是一般意义上的加减乘除，而是需要高超的运作能力，去巧妙地进行运筹，以一搏十，让自己的投资得以增值。李嘉诚对于资本运作可谓是长袖善舞，他能准确地把握市场的脉搏，巧妙地进行投资以及融资，做到有利则进，无利则退，并以大手笔赢得了大收益，这是他打造财富神话的不二法门。

巧妙进行上市融资

李嘉诚语录：我深刻感受到：资金，它是企业的血液，是企业生命之泉。

经商需要巧策，即需要巧妙的资本运作。说到资本运作，不能不首先谈到融资；说到资本运营能力，也不能不首先谈到融资能力。因为有了钱才谈得到投资，才谈得到资本运作。

现代资本运营理论认为，评价一位现代企业家的能力，不仅要看他拥有多少财富，还要看他能调动多少财富作为资本。因为在资金回报率同等的情况下，一个企业家能够调动的财富越多，他所得到的资金回报也就越多。

融资问题无论对于叱诧商场的大企业家，还是对于刚刚起步的小企业主，都是非常重要的，在白手起家和扩大企业规模的过程中，这一点体现得尤其明显。李嘉诚无法忘记他在创业之初，其塑胶厂资金紧张几乎倒闭的经历，也同样无法忘记事业发达之后在融资方面帮了他大忙的银行和股民。可以说，善于筹集足够的资金，是李嘉诚作为一个超级企业家的重要秘诀。

早在为适应北美市场需要，扩大塑胶花生产规模的时候，李嘉诚就为缺少必要的资金而深感苦恼。他说：“我深刻感受到：资金，它是企业的血液，是企业生命之泉。”尽管李嘉诚通过在亲友中集资招股，解决了租赁厂房，添置设备的燃眉之急，但是从这时开始，他就为筹集企业发展所需资金而寻找突破口。

他赴意大利考察塑胶花时，深深体会到了西方企业管理的先进经验，更对欧洲的企业组织结构和管理方式产生了浓厚的兴趣。

他觉得股份制具有很大的优越性。这种企业组织方式不仅不用承担无限责任，而且能较快地筹集到大量资本。对于想扩大规模，而又缺少资金的企业更为有利。

于是，李嘉诚看准蓬勃发展的地产高潮后，一方面在现有的地盘上大兴土木，楼宇未等建成就有用户上门求租，获得租金后，又继续投入兴建楼宇；另一方面根据企业的发展规模申请上市，成为公众性的股份有限公司，以期利用股市大规模筹集社会闲散资金。

李嘉诚是个对新事物抱有浓厚兴趣，渴望从事具有挑战性事业的人。他已经树立赶超置地的目标，以其作为竞争对手。置地是一家上市公司，长江也非得跻身股市不可。

李嘉诚的决策既是公司自身发展形势所迫，又出于香港股市发生的巨大变化所诱。

关于香港股市在当时的发展状况，李嘉诚的儿子李泽锴在其著作中介绍说：

"香港正式的股票市场活动早在1891年就已经开始。但股票市场成为企业筹资的重要渠道，则是1969年前后的事。股票市场真正形成规模更是在20世纪70年代以后……"

香港股市，对众多欲上市的华资企业，可望而不可即。香港上市条件之苛刻，使不少条件具备的华资大企业，长期被拒于门外。

证券经纪是股市与股民间的桥梁。香港证券交易所（俗称香港会）只使用英语，将不谙英语的华人经纪排斥在外，这样，无形中又把占香港人口大多数的华人投资者排斥在外。投资者难入市，股市自然萧条；股市萧条，投资者越发望而却步。

1969年12月17日，由李福兆为首的华人财经人士组成的"远东交易所"开始营业，打破了香港会一手垄断的地位。远东会放宽了公司上市条

件，交易允许使用广东话，开辟了香港证券业的新纪元。

时值内地政治趋于安定，香港经济经历大动荡后逐渐恢复并开始起飞，急待筹资的企业纷纷触发上市的需求。1970年，远东会的成交额高达29亿港元，占当时香港股市总成交额的49%。

其后，金银证券交易所（金银会）、九龙证券交易所（九龙会）相继成立，加上原有的香港会、远东会，形成香港股市“四会”并存的格局。

四会并存，使公司上市变得容易，为上市公司集资提供了更多的场所，大大刺激了投资者对股票的兴趣。股市成交活跃，恒生指数攀升到1971年底收市的341点。低迷多年的香港股市大牛出世，一派兴旺。

李嘉诚正是在这种大背景下，将长江实业上市成为公众公司的。

1972年7月31日，李嘉诚将长江地产改为长江实业（集团）有限公司。随即，委托财务顾问拟定上市申请书，准备公司章程、招股章程、公司实绩、各项账目等附件。

同年10月，向香港会、远东会、金银会申请股票上市。11月1月获准挂牌，法定股本为两亿港元，实收资本为8400万港元，分为4200万股，面额每股2元，溢价1元。包销商是宝源财务公司和获多利财务公司，分别在香港、远东、金银等三家交易所向公众发售。

长实骑牛上市，备受投资者青睐。上市后24小时不到，股票就升值一倍多。“僧多粥少”，认购额竟超过发行额的65.4倍，包销商不得不采取抽签的办法，来决定谁是长实的（公众）股东。

股票升值一倍多，意味着公司市值增幅一倍多。消息传来，长实职员惊喜若狂，买来香槟庆贺。长实董事局主席李嘉诚却并未显出特别的欣喜。

股票升值，并不表明投资者独钟长实，而是大市的兴旺所致，其他上市股票均有升值，有的比长实股升值更惊人。要使投资者真正信任并宠爱长实股，最终得看长实的未来实绩以及股东所得实惠。

李嘉诚还意识到：股票升水如此神速，那么缩水也就会是瞬间之事。证券市场变幻急速且无常，风险会远远大于其他市场。

自从1950年创业，李嘉诚经历了独资、合股的漫长岁月，终于跻身上市公司之列，在较大程度上缓解了资金不足、筹措无门的问题。

长实在港上市的同时，李嘉诚还积极谋求海外上市。

1973年初，由新鸿基证券投资公司代表与英国股票公司牵线搭桥，达成了协议，长实股票开始在伦敦挂牌。挂牌后，买者纷至沓来，受到了英国投资者的热烈欢迎。

1974年5月，长实又与加拿大帝国商业银行合作成立了“加拿大怡东财务有限公司”，实收资本为港币5000万元，双方各付出现金资本2500万元，即各占50%的权益，积极在港拓展业务。这一联营公司的建立，对长实有重大意义，从此它可以引来大量加拿大外资，因而实力大增。

同年6月，在加拿大帝国商业银行的力促下，加拿大政府批准长江实业在加拿大温哥华证券交易所挂牌上市。

此举首开香港股票在加拿大上市的先例，标志着长实在加入国际金融市场中又跨出了一大步。

长实之所以能如此顺利地与加拿大银行界建立伙伴关系，得益于当初李嘉诚从事塑胶花产销时，与北美贸易公司建立起来的良好信誉，加拿大帝国银行正是这家公司的主要关系银行。

李嘉诚全方位在香港和海外股市集资，为长江的拓展提供了厚实的资金基础，为长实发展成为庞大的集团公司拓开了一条宽广之路，这也是他跨入超级富豪行列的关键一步。

后来，李嘉诚在股市中来回搏击，斩获颇丰，显得比他办实业更具天赋，他从此找到了发挥专长的最佳舞台。

借用别人的钱来赚钱

李嘉诚语录：借他人之力来以发力，能使自己更有力。

能用别人的钱来赚钱的商人，绝对是行家里手，因为他可以解决资金短缺的问题。如果说资金是企业的血脉，那么银行就是企业发展和经营活动的重要来源。传统的经营观念把向银行贷款视为不光彩的事，而按照现代经营理念，一个企业没有银行贷款，不但不能证明这个企业有活力，反而证明这个企业停滞不前。

李嘉诚是一个具有现代经营理念的人，而且雄心很大，能力很强，为了获得更多的资金，除招股集资之外，他还努力搏得银行的支持。他的格言是：尽量用别人的钱赚钱。

为了用别人的钱赚钱，李嘉诚想办法攀结汇丰银行。

香港经济界的人士常说：“谁攀上了汇丰银行，谁就攀上了财神爷；谁攀上了汇丰大班，谁就攀上了汇丰银行。”

说起汇丰，港人无人不晓，所用的港纸（港币）几乎全是汇丰银行发行的。汇丰的中文全称是“香港上海汇丰银行”，创设于1864年，由英、美、德、丹麦和犹太人的洋行出资组成，次年正式开业，后因各股东意见不合，相继退出，成为一家英资银行。现为一家公众持股的在港注册的上市公司，1988年股东为19万人，约占香港人口的3%，是香港所有权最分散的上市公司。汇丰一直奉行所有权与经营权分离，经营权一直操纵在英籍董事长手中。

当时的汇丰集团董事局常务副主席为沈弼，李嘉诚寻求与汇丰合作发

展华人行大厦，正是与沈弼接洽的，两人还由此建立了友谊。

汇丰是香港第一大银行，又是以香港为基地的庞大的国际性金融集团。1992年，收购了英国米特兰银行的汇丰集团，其资产总值达21000亿港元，跻身全球十大银行之列。1992年底在港发行股票总市值为1399亿港元，占香港全部上市公司总市值的10.5%。该年度，集团总盈利为129亿港元。汇丰的声誉，还不仅仅限于其强大的资金实力，它在香港充当了准中央银行的角色，拥有港府特许的发钞权（另一家获此特权的是英资渣打银行）。在数次银行挤提危机中，汇丰不但未受波及，还扮演了“救市”的“白衣骑士”。

一个多世纪以来，经汇丰扶持而成殷商巨富的人，不计其数。20世纪60年代起，刚入航运界不久的包玉刚，靠汇丰银行提供的无限额贷款，而成为著称于世的一代船王；现在，李嘉诚取得了汇丰银行的信任，建立了合作关系，未来极有可能在汇丰的鼎力资助下，成为香港地王。

这样一个财神爷成了李嘉诚的合作伙伴，1978年，李嘉诚的事业再攀高峰，与汇丰银行联手合作，重建了位于中区黄金地段的华人行。

李嘉诚与汇丰合作发展旧华人行地盘，业界莫不惊奇于李嘉诚“高超的外交手腕”。其实，熟悉李嘉诚的人都知道，言行较为拘谨的李嘉诚，绝不像一位谈锋犀利、能言善道的外交家。亦不像那种巧舌如簧、精明善变的商场老手，他像一位从书斋里走出来的中年学者。

李嘉诚靠的是一贯奉行的诚实以及多年建立的信誉，尤其是地铁车站上盖发展权一役，使他名声大振，信誉猛增。所有这些，便是他与汇丰合作的基础。

是长实中标获取中区地铁车站上盖发展权，才使得“高高在上”的汇丰大班沈弼关注起地产“新人”李嘉诚来。

地铁车站上盖发展权一役，虽然没有给李嘉诚带来多少利润，但他在这场战斗中显示出的大智大勇，以及由此带来的声名和信誉，令汇丰现任大班沈弼对这位地产“新人”格外关注，欣赏有加，并产生了合作的意向。

原来，早在1974年，汇丰银行已购得华人行产权。因华人行位于高楼林立的中环银行区，原来的华人行已年久失修，显得十分破旧矮小，与该地段的摩天大楼极不相称。1976年，汇丰开始拆旧华人行，决定清出地基，发展新的出租物业。

由于此时正处于地产高潮时期，该物业又处于黄金地段，因此地产商们闻讯后莫不跃跃欲试，除了想在这一物业中分一杯羹，更想借此搭上与汇丰银行的关系。

在地铁车站上盖发展权竞投中一举中标、声誉鹊起的李嘉诚自然也是其中之一。他原以为会经过一番激烈竞争才能取胜，没想到竟然十分顺利地如愿以偿。沈弼在接到李嘉诚的合作意向材料后，当即拍板确定长实为合作伙伴。

除商场才干令沈弼赏识外，李嘉诚曾经卖给沈弼一个不小的面子，也是李嘉诚攀上汇丰的原因之一。

李嘉诚暗中收购九龙仓，逼得九龙仓向汇丰银行求救，于是汇丰大班沈弼亲自出马斡旋，奉劝李嘉诚放弃收购九龙仓。李嘉诚考虑到不但日后长江的发展还期望获得汇丰的支持，而且如果驳了汇丰的面子，汇丰必贷款支持怡和，收购九龙仓将会是一枕黄粱，于是趁机卖了一个人情给汇丰银行大班，答应沈弼，鸣金收兵，不再收购。

可见有了以上两条，才有了汇丰与李嘉诚的合作。

旧华人行的拆迁工作始于1976年2月10日，谁都想与业主汇丰银行合作兴建新华人行。

华人行建于1924年，楼高九层。

长实与汇丰合组华豪有限公司，以最快的速度重建华人行综合商业大厦，大厦面积24万平方英尺，楼高22层。外墙用不锈钢和随天气变换深浅颜色的玻璃构成。室内气温、湿度、灯光以及防火设施等，全由电脑控制。内装修豪华典雅，集民族风格与现代气息于一体。整个工程耗资2.5亿港元，写字楼与商业铺位全部租了出去。

1978年4月25日，华豪公司举行隆重的华人行正式启用典礼，汇丰银行大班沈弼出席典礼，剪彩并发表讲话：

“旧华人行拆卸后仅两年多一点时间便兴建新的华人行大厦。这样的建筑速度及效率不仅在香港，在世界也堪称典范。”

“本人参与汇丰银行正好30年，深感本港居民以从事工商业而闻名于世，不管是海外公司还是本港公司，均以快捷的工作效率、诚实的商业信用而受人称赞。我可以这样说，新华人行大厦不愧为代表本港水平的出色典范。”

长实与汇丰，都是这一工程的开发商，故而沈弼不便“自我吹嘘”。他对港民和新华人行的赞誉，也就是对李嘉诚的赞誉。

先于正式启用的3月23日，长江集团总部迁入皇后大道中29号新华人行大厦。长江正式立足大银行、大公司林立的中环，地位更上一层楼。

新华人行被人们视为长江的招牌大厦。

李嘉诚与汇丰合作的良好开端发展为未来的“蜜月”——汇丰力助长实收购英资洋行，并于1985年邀请李嘉诚担任汇丰的非执行董事打下了坚实的基础。

应该说，李嘉诚能有后来的辉煌，汇丰银行功不可没。

从这件事上，我们可以领略到李嘉诚进行商场征战的一个要诀，那就是攀高结贵，努力借助他人特别是银行的力量为自己所用。

大手笔才能赢得大收益

李嘉诚语录：做生意必须要有大手笔、大投资，才能赢得大收益。

最成功的商人都有自己的“大手笔”，他们靠“大手笔”指点江山，把该集的资金集在手中，从而为下一个“大手笔”做好铺垫工作。李嘉诚在股市集资方面的例子，最精彩的要属1987年那次“百亿大集资”。这是香港历史上规模最大的一次股市集资活动，至今为人们所称道。

1987年3月，香港电灯宣布该集团进行重组，一分为二，原来集团之电力业务仍归香港电灯集团持有，而其余非电力集团业务分拆交给一家新成立的上市公司“嘉宏国际集团有限公司”持有。嘉宏国际将于当年6月独立上市，市值达港币100亿元。消息传来，市场轰动。

根据重组协议，嘉宏未来的总发行股数约为24.61亿余股，嘉宏将以每10股港灯股份换2股嘉宏股份的方式向和黄购入其持港灯的23.5%股权。而和黄在完成这次分拆建议后共持嘉宏约13亿余股，相当于嘉宏53.8%股权。连同其以一股换一股方式获配嘉宏股份，和黄未来将控制嘉宏股权52.9%至53.8%之间。余下嘉宏的46.2%股权则由原来港灯股东（不包括和黄在内）持有。分拆后，和黄将从原来直接控制港灯53.5%股权改变为不再直接控制港灯，嘉宏则变为港灯集团之最大股东。

这次港灯集团趁股市大旺时机进行分拆，是个扩展业务、增强公司新的活力的好办法。一方面给予投资者选择不同业务投资的机会，港灯股东如不愿投资地产的便可出售嘉宏的股票，保留或转向港灯的投资；另一方

面将业务分拆后各自进行独立经营，组织更为科学，管理更为有效，发展更具弹性。

这样，无论是原来的港灯还是新成立的嘉宏将给股民以新的形象，分拆出的业务更具专业性，便于集资，可获注入新资金、新活力，提高集团股票市值，增强社会吸引力。正如该集团主席马世民在记者会上宣布该项建议时指出的：由于电力及非电力业务各自所涉风险不同，将其业务分由两家上市公司经营，将可使股东按各自需要改变对公用事业及投资业务之投资组合，而分拆后亦令股东更易评估两类业务之优点。

较早前当港灯宣布与和黄合资27亿投资加拿大赫斯基石油公司时，曾引起立法局议员许贤发在立法局公共事务小组上的质疑。许氏认为港灯不应参与海外有巨大风险的投资计划，以免一旦投资失败而影响港灯集团的专利发电业务。李嘉诚亦强调，整个重组建议是由港灯主动提出，并于不久前通知港府并取得支持，因此这次港灯分拆绝非受港府压力所致。他还说，“分拆以后，港灯的业务盈利将受到利润管制计划所保障，而拥有非电力业务的嘉宏国际在将来之盈利潜力得以无尽发挥，可收一举两得之效。”

同年7月，李嘉诚赴英国伦敦参加“奥斯特利中国节”纪念活动。他在回答记者关于是否和黄有意向英国斥巨资的提问时表示：“除了香港之外，若我们见到别的国家有好的投资机会，只要能够赚到合理利润，对公司前景好，我们都会考虑。”

有人问他，此行来英是否就是为了寻求投资的好机会，李嘉诚坦然说：“是，根本就是。我们正在对一些投资项目进行接洽。但我一向认为我们的根基在香港。例如，去年我们对加拿大赫斯基石油公司的投资，到今天，几乎99%的人，都可以说该项投资是成功的，可见这是很简单的一回事。”

同年9月14日，李嘉诚在记者招待会上宣布其控制下的四家公司（长实及其名下三家公司和黄、嘉宏、港灯）集资100亿港元，其中29亿用于

收购英国大东电报局4.9%股权。这是香港有史以来最庞大的集资行动，对市场影响极大，引起全港轰动。李嘉诚亲自向各记者及证券界解释这次供股计划，回答记者提出的问题，谈笑风生，妙语连珠。

李嘉诚起先一律以粤语作答，然后才由公关作即时翻译。当谈到“100亿”时，翻译因数目过于庞大，以为听错而犹豫了一下，李嘉诚迫不及待地用英文讲出，反映其得意的心情，对事业充满信心。

这次庞大的集资计划，长实承担金额约为一半，余下由包销商及股东负责。其办法是按当日市价两成折让，具体分配是：长实以十供一，每股供价10.4港元的形式集资20.78亿港元；和黄以八供一，每股供价11.2港元的形式集资37.53亿港元；嘉宏以五供一，每股供价4.3港元的形式集资27.78亿港元；港灯以五供一，每股供价8元的形式集资24.18亿港元。四家公司的集资总额达103.27亿港元。这次供股计划的特点，采用“连锁包销”形式，即大股东或控股公司除了按所持股权接纳供股外，还会再包销多一部分新股，使得他们承担了其中一半的包销责任。

至于其余一半的新股，则由万国宝通国际、获多利、新鸿基、加拿大伯东融资及百利达亚洲负责包销。如所有股东接纳供股，长实系公司在市场所吸纳之资金为65.06亿港元，但当时市况逆转，长实系除需按所持股权承担本身供股责任外，还需履行其包销承诺金额，约为14亿港元，其他包销商所负担的供股金额为51.06亿港元。

这个数字对于香港这五家包销商来说，理应不会构成什么困难。但由于适逢全球性股市大灾难，香港股市由牛转熊，每家公司所拟定的供股价都较市价高达三成以上，出现了大幅度不足额认购，四家公司接获股东认购只占总股数0.1%~0.4%，接近五成的股份均由五大包销商承担，供股总值达50余亿港元。

值此市况不景气之时，各信托基金的经营已十分艰苦，若要他们承担太多的供股额，只会迫使他们按其股份抛售套现，对市场所构成的压力不可谓不大。因此，许多人认为长实系应该取消供股计划，以缓和甚至消

除市场压力。为此，获多利曾与多家金融机构游说李嘉诚放弃集资计划，但没有成功。这是可以理解的，只要站在长实系的立场上，取消供股划是不可能的事。因为无论是长实、和黄、嘉宏还是港灯，这四大公司都是香港举足轻重的财团，向来信誉卓著，一旦将集资计划取消，将会予人以话柄，认为长实系终于要受到市况逆转的冲击而低头。

再说，李嘉诚在公布供股计划前已对未来的发展大计做了部署，如果集资计划失败，数项大的发展计划将会胎死腹中，对于一向具有进取心的长实系集团来说，这并非是其所愿见的。

另外，该包销商都是香港鼎鼎有名的大银行和财务公司，宁愿艰苦地挨过这次难关，也不愿意贸然得罪长期与之密切合作的老主顾——长实系集团。况且，除了公司与包销商签有协约之外，该等公司彼此之间也做了不可撤消的承诺，承购其所控公司供股权的50%。五大包销商又与一百多个分包销商签订合同，彼此都有明文规定的条款所制约，造成取消集资难乎其难。

李嘉诚的特点是说到做到，一承诺就兑现。他在回答记者关于“这次股市大跌、（百亿）集资计划是否会有改变或暂时取消”的提问时指出：“这次集资，其中50%是由我认购包销的，和其余包销商的正式合同尚未签署，如果要暂时取消在法律上是可以的。但我不想给人批评为不守信用，因为股价跌落就取消包销，以避免损失，所以我个人承担的责任一定照数兑现……我希望维持长实系的合理股价，老实说，原因之一，也是在求巩固长实系各公司的信誉。”

事实上，李嘉诚本人按协议规定包销长实一半的新股，共99888920股，现金10.3851亿港元。仅是包销长实新股数，李嘉诚的账面损失就达3.5亿港元。他负责包销有关股票，也没有收取分文包销佣金。

结果在李嘉诚的努力下，长实系四家公司百亿计划大功告成。除长实系的大股东或控股公司承担其供股责任之一半50亿港元外，其余的由上述五家包销商及数百个分包销商承担。由于这次集资行动大大巩固了这些公

司的财政基础，从而保证了李氏家族在香港十大财团中仍然处于遥遥领先的地位。

1987年度长江实业除税后之综合纯利为15.89亿港元，较之1986年之12.829亿港元增加了23%。因此，李嘉诚在1988年元旦聚餐会上自豪地说：“在过去两个月来，香港的经济和金融市场，经历了一次有史以来最大的波动，但我们公司和联营公司，整个集团都做得很好，以智慧和辛勤争取得来的业绩，比去年更为有利，更为稳定。1987年的纯利，有一个良好的数字，而集团的一切，前途都是非常美好的。”

分散投资可以分散风险

李嘉诚语录：分散投资，就是分散风险。

“不把所有的鸡蛋放在一个篮子里”——这是最成功的保险法则。经商需要冒险，但是更需要保险。李嘉诚是一个坚持“不能把所有鸡蛋放在一个篮子里”的精明人。在一般人的心目中，特别是20世纪80年代，国界是一个重要的界限，事业的发展一般还是以本土较为稳妥，远渡重洋把资金投到国外，尤其是大规模投资，即使不是一件“期期以为不可”的事，也须“一看二慢三通过”。况且投资与开拓海外市场不同，前者只是把产品销售到国外罢了，生产乃至整个事业的根基还在国内，还牢牢地控制在自己手中，而后者的风险就大得多了。

但是李嘉诚不这样想。这除了他生活在香港这个全面开放的港口城市之外，还由于他充分看到了世界经济一体化的大趋势。在他的心目中，由于科学技术特别是信息技术的发展，地球已经越变越小，成了所谓的“地球村”，一个有志于大事业的投资家，要有包容天地，并吞八方的气魄，

而不应该为国界所限制。

于是，在收购了香港一些企业特别是英资企业之后，李嘉诚开始了大规模的跨国投资。

1987年5月美国《财富》杂志写道：

“在太平洋上空的一班航机上，坐在阁下旁边那位风尘仆仆的华人绅士可能正赶赴纽约或伦敦收购你的公司。由香港到雅加达，这些精明的华籍企业家近年赚得盘满钵满，东南亚已再不能容纳这些并非池中之物了。在有家族联系的中国，他们已成为最大的海外投资者。时至今日，这些名列世界首富榜的亿万富豪为了分散风险而投资在西方国家。

“58岁的李嘉诚先生是最具野心的收购者。在20世纪50年代初期，他以制造塑胶花开始他的事业。现今，他准备了20亿美元（约折港元120亿）收购他认为是超值的西方公司。”

李嘉诚正是在20世纪80年代中期，大举进军海外的。在大规模行动前，李嘉诚已在海外投资小试牛刀。1977年，他首次在加拿大温哥华购置物业；1981年，李嘉诚在美国休斯顿斥资两亿多港元收购商业大厦；同年，他再次斥资六亿多港元，收购加拿大多伦多希尔顿酒店。在短短数年中，李嘉诚个人或公司，在北美拥有的物业有28幢之多。

马世民充当了李嘉诚的“西域”大使。他是力主海外扩张调门唱得最高者。李嘉诚早就萌生了缔造跨国大集团的宏志，现在和黄、港灯相继到手，现金储备充裕，自然想大显身手。

李嘉诚、马世民以及长江副主席麦理思，穿梭于太平洋上空。1986年12月，在加拿大帝国商业银行的撮合下，李氏家族及和黄通过向合营公司Union Faith投资32亿港元，购入加拿大赫斯基石油公司52%股权。时值世界石油价格低潮，石油股票低迷，李嘉诚看好石油工业，做了一笔很合算的交易。

这是当时最大一笔流入加拿大的港资，不但轰动加拿大，亦引起了香港工商界的骚动。

不把所有的鸡蛋放在一只篮子里，的确是一条重要的投资法则，其作用主要是防止不利的情况。再用一句大家都明白的道理，就是“东方不亮西方亮”。

世界经济史证明，一家公司发展到相当规模，就会突破原有的日益显得狭小的区域，向外界寻求发展。一个国家和地区的经济发展到相当的水平，自然会为剩余资本寻找出路。

二战以后，最具扩张性的资本是美国本土美元，其后是欧洲共同体美元、中东石油美元、日本美元。它们各领风骚，相继在国际经济舞台上大出风头。从20世纪80年代中期起，世界华人资本崛起，日益引起世界经济的瞩目，且大有压倒日本资本的势头。据美国著名财经杂志《福布斯》1994年报道：

国际基金会、世界银行、《美国学人》杂志、《日本经济新闻》、《纽约时报》等权威机构和学者评论，当前全球华人是世界经济最大活力之一。迄今，海外华人约5500万，每年总产值超过5000亿美元，拥有总资产2万亿美元，接近日本(人口1.23亿)总资产的2/3，是世界最富的群体。华人中富豪的人数，超过发达资本主义国家英国、法国和加拿大(三国总人口1.41亿)富豪的总和。

美国著名经济学家葛得坚认为：“华人现时是世界上最具流动性的投资集团，已取代日本成为主要投资者。”

可见，作为世界华人首富的李嘉诚，以及他所控的全球最大华资财团，走跨国化道路参与国际竞争，不可避免且名正言顺。如果固守弹丸之地香港，不进行境外投资，反而令人奇怪。

不过，从资本运营的角度看，更能引起人们兴趣的与其说是李嘉诚跨国投资这件事本身，不如说是他向国外投资的宏大气魄，而这一点，正是“不把所有的鸡蛋放在一个篮子里”的投资法则的具体体现，是一切商家所应该着重学习的。

有利则进，无利则退

李嘉诚语录：进取中不忘稳健，稳健中不忘进取，这是我投资的宗旨。

买进卖出的关系，看起来很简单，如一手交钱一手交货，实则并非如此，它需要商家去核算一进一出的成本，然后再采取相应的投资措施。李嘉诚是怎样看待买进卖出的关系呢?和黄集团的行政总裁马世民在会见《财富》记者时说：“李嘉诚是一位最纯粹的投资家，是一位买进东西最终是要把它卖出去的投资家。”

马世民的话，提示了投资者的本质特征：买是为了卖，不卖就不会买。是的，李嘉诚一生都在买和卖，而且所谓生意，又叫“买卖”，一个买了东西是为了自己使用的人，是不能叫作买卖人的。

马世民的话也揭示了李嘉诚在商场上的角色优势——这种优势，或许很多人都明白，但在急功近利心理的驱使下，许多人都不愿做这种角色，而宁可做投机家。

一个纯粹的投资家，很重要的一个方面是不过分地执著于某一项业务，不被一项业务套牢，不管这个业务前景多么诱人。

李嘉诚在生意场中，有时坚持不懈、穷追不舍，甚至不惜“十年磨一剑”，有时却一见不利就及时撤退。无论他继续进取还是退避三舍，都是从该项业务是否有前途考虑的，有利则进，无利则退。

事实上，他从不偏爱任何一项业务，他说：“不要与业务‘谈恋爱’，也就是不要沉迷于任何一项业务。”

这是一种有着丰富商业经历之后超然于商业之外的一种心灵感悟。对于一个真正的商人来说，在他的眼中，应该是只有盈利的业务，而没有永远的业务。任何一项业务，当它走过自己的成熟阶段之后，必将走向衰落，而这个时候，如果不进行自我调整，还抱着不放，必将随这项业务的衰落而走向失败。

李嘉诚一次次的大进大出，都是以“腌股”（持股等待机会）为后盾的，一待良机出现，便急速抛出。

一个典型的例子是，1987年，李嘉诚在半小时内就下定决心投资3.72亿美元，购买英国电报无线电公司5%的股份。

这是一只值得长期保留的明星股。

三年后，英国电报无线电公司股价涨高，李嘉诚又以同样快的速度，将股票抛出套现，净赚近1亿美元（合近7亿港元），从这里我们看到：李嘉诚在股市中稳扎稳打，善抓机会，是他立于不败之地的根本原因。

李嘉诚凡事都会深思熟虑，有充分的心理准备之后才去做。

众所周知，购买债券是一种极保守的投资，持有人只能享受比定期存款较高的利息，而不能参与分享公司红利。

李嘉诚所购买的债券，大部分都是可转换债券。这种债券有1～3年的期限，若持有人认定该公司业务能稳定增长，可以用债券换成该公司股票，从而获取更大收益。即使不成，也可将债券保留至期满，最终收回本金及利息，所以这种债券既和普通债券一样，具有风险小的优势，又比较灵活，能转换为股票。可以说是将债券和股票的优势合二为一，是一种较为稳健的投资方式。

1990年，李嘉诚购买了约五亿港元的合和债券，另又购买了爱美高、熊谷组、加怡等13家公司的可转换债券共计25亿港元。

在此后的发展中，胡应湘的合和表现最为出色，先后拿下广东虎门沙角电厂C厂、广深珠高速公路、广州市环城高速公路及泰国架空铁路等大型工程兴建合同，一时名声大噪，众豪争扯他的衫尾。

见此情势，李嘉诚马上把合和债券兑换成股票，这样一来，当初价值五亿的股票，到三年后升值为近九亿，账面溢利达三亿多港元。同样，李嘉诚购入的其他可转换债券，也大都有不俗的表现。

李嘉诚投资债券，既符合他一贯的“稳健中寻求发展，发展中不忘稳健”的发展方针，同时也符合分散风险的投资原理，属于两条腿走路，游刃有余更大。

不过，最能体现李嘉诚投资风格的事例，也许是与华资财团欲再次联手合作，吞并垂暮狮子置地。

当时，各种收购的传闻纷纷扬扬，众多财大气粗的华商大豪，均被认为可能染指置地：长江实业的李嘉诚，环球集团的包玉刚，新世界发展的郑裕彤，新鸿基地产的郭得胜，恒基兆业的李兆基，信和置业的黄廷芳，香格里拉的郭鹤年等等，皆在此列。另外，股市狙击手刘銮雄，亦可能趁虚而入，狙击置地这个庞然大物。

据说刘銮雄登门拜访怡置大班，提出要以每股16港元的价格，收购怡和所控25%的置地股权。西门·凯瑟克愤然拒绝，一来嫌刘氏太过贪心，出价如此之低；二则刘氏在股市名声欠佳，怡和不愿意把多年苦心经营的置地交付于此等人手中。

头脑甚为精明的刘氏只得告退。其后又有多位大老板纷纷前往拜访西门。西门既不彻底断绝众猎手的念头，又高悬香饵，惹得众人欲罢难休，欲得不能。

不过，这些都是传闻，是真是假，难以他辨。其中流传最广的要数以李嘉诚为首的华资财团了。

据说，李嘉诚也曾拜访西门·凯瑟克，表示愿意以每股17港元的价格收购25%置地股权，这比置地十港元多的市价，溢价六元多。但西门·凯瑟克对这个出价仍不满意，但他也未把门彻底堵死。他说：“谈判的大门永远向诚心收购者敞开——关键是双方都可接受的价格。”

于是李嘉诚等人与西门继续谈判，双方一直很难达成一致。

李嘉诚在谈判中不想表现得太积极，同收购港灯时一样，他有足够的耐心等待有利的时机。此时，香港股市一派兴旺，很快便攀上历史最高峰，并非低价吸纳的最好时机。

然而天有不测风云，扶摇直上的香港恒指，受华尔街大股灾的影响，突然狂泻。1987年10月19日，恒指暴跌420多点，被迫停市后于26日重新开市，再泻1120多点。股市愁云笼罩，令投资者捶胸顿足，痛苦不堪。

香港商界惊恐万状，大家自身尚且难保，再也没有余勇卷入收购大战了。此时自救乃当务之急。置地股票跌幅约四成，令西门寝食难安。

李嘉诚的“百亿救市”，成为当时黑色熊市的一块亮色。证券界揣测，其资金用途，将首先用做置地收购战的银弹。

正如一场暴风雨一样，这次股灾来得猛，去得也快。等到1988年3月底，沉入谷底的恒指开始回攀。银行调低贷款利率，地产市况渐旺，股市也逐渐开始转旺。

农历大年刚过，收购置地的传言再次盛行，华南虎再度出山。

事后，报章披露，1988年二三月间，李嘉诚等华商大亨，曾多次会晤西门·凯瑟克及其高参包伟士。

一直善于等待时机、捕捉机会的李嘉诚，这次为什么没有借大股灾中怡置系扑火自救、焦头烂额之际趁火打劫呢?须知股灾中置地股价跌到6.65港元的最低点，即使以双倍的价格收购，也不过13港元多，仍远低于李嘉诚在股灾前提出的17港元的开价。

原来，收购及合并条例中有规定，收购方重提收购价时，不能低于收购方在六个月内购入被收购方公司股票的价值。10月份的股灾前，华资大户所吸纳的置地股票，部分是超过10港元的。这就是说，假设以往的平均收购价是10港元，现在重提的收购价，就不得低于10港元的水平，而六个月后，将不再受这一限制。

4月中旬，股灾发生后已过了整六个月。此时，置地股从最低点回升后，仍在八港元的水平上徘徊，仍低于股灾前的水平，依然对收购方

有利。

最后，由于置地强力进行反收购，使李嘉诚的收购成为不合算行为，于是李嘉诚毅然放弃了已经花费了大量心血、做好了充分准备的收购。

这次收购虽然最终没能成功，但是李嘉诚的做法却值得称道。因为投资不可以意气用事，打得赢就打，打不赢就走，在两败俱伤中夺取微弱的胜利，在一般情况下不是真正的投资家的应有做法。在这个意义上，甚至可以说李嘉诚退出收购反而是一个胜利。

世界上任何角色都很难做得纯粹，做生意，尤其是像李嘉诚那样做大生意就更难。因为他的投资是一种动辄千百万元的事，一旦失利，就会造成重大损失。然而李嘉诚将这一角色扮演得很纯粹。也许，这就是他在商场征伐中屡战屡胜、被誉为“超人”的根本原因。

看来要做一个“纯粹的投资家”，首要的是要修炼自己的心性，做到无论在什么情况下，都不为杂念所动，而保持心性空明，气息平和。

显然，这是一个难以企及而又必须努力达到的目标，但如果你要成为一个纯粹的投资家，就要努力去尝试。

冒险需以精确分析判断为前提

李嘉诚语录：好的时候不要看得太好，坏的时候不要看得太坏。

李嘉诚频频成为股市和地产大灾难中的大赢家，有什么秘诀呢?

有人说李嘉诚是赌场豪客，孤注一掷，侥幸取胜。或许只有李嘉诚自己心里清楚，他的惊人之举含有多少赌博成分。

客观地说，李嘉诚的行为是带有冒险性的，说是赌博也未尝不可。但是，李嘉诚的赌博是建立在对形势的密切关注和精确的分析之上的，绝非

盲目冒险。那么，他的判断依据是什么呢?

李嘉诚认为，任何一个产业，都有它自己的高潮与低谷。在低谷的时候，相当大的一部分企业都会选择放弃，有的是由于目光短浅而放弃，有的是由于资金不足等各种各样的原因而不得不放弃。这个时候就应该静下心来认真分析一下，是不是这个产业已经到了穷途末路，是不是还会有高潮来临的那一天。

如果这个产业仍处在向前发展的阶段，只是由于其他一些原因才暂时处于低潮，就应选择在这个“别人放弃的时候”出手了。这个时候出手可以少走很多弯路，从而以比较低的成本获得较高的收益。

俗话说：无风险不成生意。因此，做任何生意都不可能十拿九稳，多少有一点冒险成分。风险有多大？利益有多大?这就需要根据各种情况进行分析。一些胆子大的商人，只要有五成胜算就敢冒险；胆子小的，非有八成以上胜算不敢采取行动。一般来说，风险与利益成正比。前者敢于冒险，很容易倒大霉，也很容易爆发；后者比较稳妥，却难求快速成长。

但有一种情况例外：当别人算到不足五成胜算，而自己却算到有六七成甚至更高把握时，便意味着发大财的机会来了。李嘉诚正是靠着这种机会快速发展的。当然，这取决于自己的分析判断能力。

时时具有危机意识

> 李嘉诚语录：一向以来，我做生意处理事情都是如此。例如天文台说天气很好，但我常常会问自己，如果五分钟后宣布十号台风警报，我会怎样。在香港做生意，也要保持这种心理准备。

什么是台风警报?对于李嘉诚来说，他非常有一种警报意识，就是自己要提醒自己，避免被台风刮走。当然这是经商的危机意识。李嘉诚初人

股市，便尝到了甜头，但他清醒地意识到，股票“升水”如此神速，那么“缩水”也可能是瞬间之事。股票市场变幻万端，难以捉摸，风险远远大过其他市场。

由于股市一片利好之势，自20世纪60年代末至70年代初，香港各界产生了一股“要股票，不要钞票”的投资狂潮，掀起了一阵比一阵更为高涨的“上市热潮”。

在这股强劲的“炒风”之中，人们像疯了一样。普通股民纷纷卖掉自己好不容易攒下的金银首饰，业主也卖掉了自己的工厂、土地、房屋，甚至有的商人还卖掉自己的地产公司，将楼宇建造所筹集而来的贷款，全都投到了股票市场，大“炒”而特“炒”，梦想着牟取暴利。

炒风愈刮愈烈，各行业公司纷纷介入股市，趁热上市，借风炒股；职业炒手更是兴风作浪，哄抬股价，造市抛股。

香港股市处于空前的疯狂状态之中，1973年3月，恒生指数竟突升至1774.96点的历史高峰，一年间升幅竟达5.3倍。

这更使许多人乐得眉开眼笑，得意忘形，完全忽视了巨大风险的存在。

然而，李嘉诚在这个“炒风刮得港人醉”的疯狂时期，丝毫不为炒股暴利所动，依然在稳健地走他早已认准了的正途——房地产业。

一向沉稳持重的李嘉诚，在塑胶花、房地产经营方面相继显示了他的独创才能之后，又在股票经营中表现出了他的远见卓识，以及他对事物发展的非凡领悟力和高人一等的心理素质。

由于对地产业前景的看好，李嘉诚把从股市上吸纳的资金，投放于大量物业的低价收购上。这样，就在人们用低价卖出物业所得的钱去购买股票时，李嘉诚却统率着他的长江实业一边发行着股票，一边将发行股票筹集到的资金成批地去收购那些低价出卖的物业。

股市的好景并没有维持多久，“熊市”随之而来，变幻无穷的世界经济再次袒露了它变幻莫测的另一面。

1973年中期，世界石油危机爆发，香港经济受到了巨大影响，出口市

场萎缩，股票市场因此大受冲击。

另外，一些不法之徒趁股市混乱伪造股票，混入股市。结果东窗事发，造成股东恐慌，纷纷大幅抛售，使得股市一泻千里。恒生指数迅即由1973年3月9日的1774.96点跌至816.39点的水平，至1974年12月10日，跌破1970年以来的新低150.11点。

股市大灾突如其来，除极少数投资者抽身较快得以脱逃外，绝大部分投资者均铩羽而归，有的还倾家荡产。香港股市瞬间便呈现出一片愁云惨雾，哀声动地。整个香港经济，尤其是占主导地位的金融和地产业更是阴风惨惨，人心惶惶。

由于坚持稳重之策，李嘉诚成为这次大股灾的“幸运儿”。长实的损失，仅仅是市值随股市暴跌而已，实际资产并没有受到什么损失。相反，李嘉诚利用股市，甚至取得了比预期更好的实绩。

上市之时，李嘉诚预计第一个财政年度盈利1250万港元。结果，长实的年纯利竟达到了4370万港元，为预计的三倍以上。

1973年3月，长实宣布首期中期派息，为每股1角6分，每5股送红股1股，公司与股东皆大欢喜。

李嘉诚的稳健作风又一次使长实躲过了危机。

作为投资者，应该像李嘉诚一样，确定自己开拓发展的原则方略，并坚决按自定原则执行，而不应只顾跟前利益，为暴利所动，抱着捞一把再说的想法而偏离航向。

三心二意，也许会侥幸赚一两次，但长此以往，没有一定之规，东一榔头西一棒子，终不是成大器者之所为。

诚然，也有极个别精明的投机家牟取了暴利，又能审时度势，及时抽身撤退，所赚着实令人眼红。但是，当我们在选择风险极大的投机时，应该冷静地想一想自己是否具备那般高超的本事。同时，还应在心理上做好充分的准备。在准备暴赚大利之前，首先要想到血本无归。

李嘉诚与一般地产商不同的是，他更注重长期利益而不是短期利益。

事实上，长期利益与短期利益的关系，是商家需要重点研究的问题，这两者都有长处，也有弱点。前者投资时间长，回报慢，但可在未来获得更大利益；后者的优缺点与前者正好相反，可谓捞一把就走。作为商家，应根据自己目前的实力和未来发展计划进行选择。正所谓“经营无定式，管理无定法”，应该强调的是安全第一和权宜机变。

李嘉诚是绝不缺乏把握市场火候的能力的，恰恰相反，事实证明很少有人能在这一点上与他相比。那么为什么他能稳扎稳打，以至被人认为保守呢？因为他深知跟风搞投机的利害，处处想到可能发生的危险。

李嘉诚说过：“一向以来，我做生意处理事情都是如此。例如天文台说天气很好，但我常常会问自己，如果五分钟后宣布十号台风警报，我会怎样。在香港做生意，也要保持这种心理准备。”

李嘉诚的经商之法当然不是唯一可行的，但李嘉诚既然借此取得了如此巨大的成就，他的方法便应该值得我们深思和借鉴。

“管”六

自我推销之术

推销无处不在。做商业是在推销自己的产品，做人就是在推销自己的实力。只有学会推销自己，才可以取信于人，获取做人的成功；只有学会推销自己的产品，才能把自己的产品卖出去，获得商业的成功。李嘉诚是一个精妙推销的高手，他一方面善于精心树立自己的良好形象，打造自己的品牌，另一方面又善于精心推销产品，让产品自己说话，并且把推销自己与推销产品完美地结合到一起，借推销自己来推销产品，这是他商业成功的一大秘诀。

敢于自己推销自己

李嘉诚语录：人要去求生意，就比较难，让生意跑来找你，你就容易做。

如果现在你仍然不太相信“自己推销自己”的原理，请向那些事业有成的人打听一下，看看他们有什么想法。你一旦问清楚了，就一定要开始使用“自己推销自己”这个好办法了。设法提高你的思考能力，使你像成功人士一样思考。

李嘉诚逐步认识到，推销的实质是推销自己，只有将自己成功地推销给别人，别人才能由人及物，乐于购买你的产品。所以一个优秀的推销员在推销产品时，首先要注意推销自己，能把自己推销给别人，推销就成功了一半。

为此，李嘉诚十分注意自我包装，他认为产品需要包装，推销产品的人就更需要包装了。推销员的包装不仅包括衣着打扮，更重要的是在言谈举止中体现出来的内在修养，他为自己定下的标准是要具有绅士风度。

因此，尽管李嘉诚收入不高，家庭负担沉重，而且他还怀有大抱负，想攒钱办大事，但他仍然十分注意自己的仪表修饰。他的服装虽然并非名牌，但相当整洁。

他对自己的行为有一个简单而又全面的衡量标准，那就是要给任何人都留下好印象。

在推销过程中，李嘉诚注意有意识地结交朋友，他经常在拜访一个客户时，先不谈生意，而是先建立友谊。他认为，只要友谊常在，生意自然

不成问题。

另外，李嘉诚结交朋友，并不全以客户为选择标准。他认为，某人今天成不了客户，或许将来会是客户；某人自己成不了客户，可能会引荐其他的客户；即使促成不了生意，帮忙出出点子，叙叙友情，也是一件好事。

有道是："一个篱笆三个桩，一个好汉三个帮。"李嘉诚广博的学识、诚恳的态度，造就了他那种独特的魅力。因此，人们十分乐意与他交朋友。无论什么时候，李嘉诚的周围总会有一帮朋友为他出谋划策。

有了朋友的帮助，李嘉诚在推销这一行，更是如鱼得水。李嘉诚曾说："人要去求生意，就比较难，让生意跑来找你，你就容易做。"

如何让生意跑来找你呢?当然得靠朋友。如何交朋友呢?关键要注意信誉，处理好利益问题。

对待工作，李嘉诚总是最大限度地表现自己的诚意，从而给老板、同事留下了良好的印象，这也是他推销自己的一种方法。

一次，五金厂想与一家旅馆老板做一笔生意。由于李嘉诚的推销业绩不凡，已在同事中有了一定的影响。因此，知难而退的同事们公推李嘉诚出马。李嘉诚不愿放弃这一难得的自我挑战机会，毅然应允。

李嘉诚并没有急于去见那位老板，而是找机会与旅馆的一个职员套近乎。没多久，他与那位职员拉上了关系，很快便和他像老朋友一样。通过这位职员，他得知了一些有关这家旅馆老板的情况，其中有一件事引起了李嘉诚的特别注意。

原来，这位老板中年得子，儿子就是他的宝。现在旅馆开张在即，千头万绪，而他儿子却整天缠着要去看赛马。他根本抽不出时间满足儿子的这一愿望。

这位职员本是把这件事当趣闻来提起的。然而言者无心，听者有意。李嘉诚听到这件事，便感觉他已经找到了突破口。

于是，李嘉诚让这个职员牵线，自掏腰包带老板的儿子去快活谷马场看赛马。在跑马场上，老板的儿子兴高采烈，十分快活，回家后仍兴奋地向父母叽叽喳喳说个不停。

李嘉诚此举令旅馆老板十分感动，他一时不知如何答谢才好。在李嘉诚的劝说下，他最终同意从李嘉诚手中买下了380只铁桶。

这次行动，使李嘉诚成为了五金厂的一等“英雄”。

善动脑筋、善做变通是一个优秀推销员的必备素质，李嘉诚在这方面显示出了突出的天分。

李嘉诚所用的这种小手腕，显得有点狡猾，狡猾是一个贬义词，不过他做的是一件利人利己的事，而不是损人利己，因此，恐怕只能用聪明来形容。他的聪明之处在于，通过对客户有益的行动，表达了自己愿意与之做生意的诚意，这比纯粹用语言表达，要有效得多。

机动灵活而始终体现一个“诚”字，这就是李嘉诚所要推销的自已。

让产品自己说话

李嘉诚语录：你要使别人信服，就必须付出双倍使别人信服的努力。

经商者都知道品牌的力量，有品牌，你的生意就会有潜在的利润资源，但怎样打出自己的品牌呢?许多推销员在进行推销的时候，总是喋喋不休地介绍自己的产品，并且采取各种方法自卖自夸。李嘉诚的推销术与此有着天壤之别，因为他主要是靠产品本身说话。

单靠口头宣传，即使说得再动听，也只是一次性买卖，何况还有“会说不如会听”的问题。靠产品本身说话，即使笨嘴拙舌，也会赢得客户的信赖，何况推销员总是有一定口才的。

在塑胶厂当推销员的时候，李嘉诚推销新型产品——塑胶洒水器，走了几家都无人问津。这一天上班前，李嘉诚来到一家批发行，准备等职员上班后联系洽谈。这时正巧清洁工正在打扫卫生，李嘉诚灵机一动，自告奋勇拿洒水器帮清洁工洒水。李嘉诚期望遇到提前上班的职员，眼见为实，这样洽谈起来更有说服力。果真就有职员早到，还是负责日用器具的部门经理。李嘉诚很顺利地达到目的，该经理很爽快地答应经销塑胶洒水器。

李嘉诚的机灵，可见一斑，同时又透露出李嘉诚的诚实。他让产品自己说话，这比一个推销员夸夸其谈产品的用途优点，要可信得多。

有趣的是，李嘉诚这一招，是从一个哑巴身上得到的启发。

有一天，李嘉诚正在街上推销，忽然看见街边许多人在围观着什么。他凑过去一看，原来人群当中坐着一个哑巴，手中拿着一把菜刀，向一枚铜钱劈去。他手起刀落，铜钱被劈成两半。

“好快的刀啊！”

人们不禁啧啧称赞，又纷纷掏出钱来向哑巴买刀。

由此，李嘉诚联想到，要证明一件产品的好坏，最有力的推销办法是让产品自己说话。

商场如战场，你一帆风顺，别人自然眼红，会想方设法压制你、打击你，有时候还可能出现一些非正当手段来竞争。

在李嘉诚的塑胶厂刚刚摆脱危机，元气尚未完全恢复之时，一些同行业的竞争对手企图趁机再度搞垮长江塑胶厂。

他们雇用了一些人到长江塑胶厂拍照，企图用揭短的方式使长江厂名誉扫地。

果然，没过多久，他们拍摄到的照片就在报纸上刊登出来了，画面上是长江厂破旧不堪的厂房。他们的目的很明确，就是想以此使顾客失去对长江厂产品的信心。

李嘉诚自然再明白不过了，对方是想用这种反面宣传的方式整垮长江厂。

这时的李嘉诚，头脑很冷静，积极筹思对策。

最后，他决定再次利用自己的坦诚做一次反宣传，以争取主动，变不利为有利。于是，李嘉诚拿着这份报纸，背上自己的产品，走访了香港上百家代销商。

李嘉诚很坦率地对他们说："不错，我们尚在创业阶段，厂房比较破旧，但请看看我们的产品，我相信质量可以证明一切。我欢迎你们到我们厂实地考察，满意了，再向我们订购。"

代销商们被李嘉诚这些诚恳的话语所感动，更为他的优质产品所折服，他们也十分敬重李嘉诚有如此敏锐的商业头脑，并且有如此魄力敢于将自己的弱点示人，于是纷纷到长江厂参观订货。长江厂的生意反而空前红火，某些人的如意算盘落空了。

精明的李嘉诚适时借助了这场恶意宣传带来的反作用力，为长江厂做了一次相当实惠的广告宣传，这一招颇似太极推手中的借力打力，费力少而收效大，堪称高明。

这件事同时告诉我们，在碰到不利情况时，千万不要怨天尤人。只要我们认真面对困境，研究困境，只要斗志不灭，雄心犹在，就一定能找到破解困境之法，变被动为主动，甚至还可以将坏事变成好事。

更重要的是，李嘉诚两次让产品自己说话的推销策略，已经使他悟到了品牌的魔力，掌握了品牌制胜这一法宝。在以后的商业生涯中，他把这一法宝的魔力发挥到极致，使企业和个人的品牌震撼了整个神州大地，为自己创造了不可估量的无形资产。

谋求价格与销量的平衡

李嘉诚语录：商机无处不在，关键在于发现。

生意畅销的魔法何在?商人都明白，同一种产品，可以卖出不同的数量和价钱。这一方面与产品本身是否适销对路有关，另一方面与产品的价格有关。产品在理论上既可能销量很少而价格很低，也可能销量很大而价格很高。不过一般情况下，价格与销量成反比，而且二者之间有一个最佳关系点。如何找到这个最佳关系点，是企业家和推销人员必须认真考虑的问题。

从意大利回到长江塑胶厂后，李嘉诚不动声色地把几个部门的负责人和技术骨干们召集到他的办公室，把带回来的塑胶花样品一一展示给大家看，随后满怀信心地向大家宣布，长江厂今后将以塑胶花为主攻方向，一定要使其成为长江厂的拳头产品，使长江厂更上一层楼。

众人看了这些千姿百态、形象逼真的塑胶花，无不拍案叫绝。

但是，李嘉诚并没有因为塑胶花是一个新兴产品，并且被普遍看好而按原来的样子进行生产。

选定设计人员之后，李嘉诚便把样品交给他们研究，要求他们尽快开发出塑胶花新产品。他强调新产品应着眼于三点：一是配方调色；二是成型组合；三是款式品种。

塑胶花说白了就是植物花的复制品，不同国家、不同地区，甚至每个家庭、每个人喜爱的花卉品种都不尽相同。李嘉诚发现他带回来的样品，无论从品种还是花色方面看都太意大利化了，不适合香港人的喜好。

因此，李嘉诚要求设计者顺应香港和国际大众消费者的喜好，设计出一套全新的款式来，不必拘泥于植物花卉的原有形状和模式。

因时因地而变，这是李嘉诚的第一个高明之处。

设计师们经过精心研制，终于做出了不同色泽不同款式的“蜡样”。李嘉诚对设计师的作品很满意，但他依然不敢确信是否适合香港大众的喜好，于是他便带着蜡花走访了不同消费层次的家庭，最后决定以其中的一批蜡花作为主打产品。此时，技术人员经过反复试验，已把配方调色确定到最佳水准。又经过连续一个多月的昼夜奋战，终于研制出了第一批样品。

样品出来了，可以向客户推销了。不过，如何确定价格呢?

李嘉诚在香港洞察先机、快人一步研制出了塑胶花，填补了香港市场的空白，按理说，物以稀为贵，卖高价应在情理之中。但李嘉诚并不这样认为。他认为价格高昂，必然少有人问津。加上塑胶花工艺并不复杂，等到长江厂的塑胶花一推向市场，其它塑胶厂势必也会在极短时间内跟着模仿上市。

经过成本预算后，李嘉诚知道，大批量生产的塑胶花，成本并不高。若将价格定得太高，其他厂商再一拥而上，长江厂的市场地位就难以稳定。只有把价格定在大众消费者可接受的适当水平上，才会掀起消费热潮。卖得快，必产得多，“以销促产”比“居奇为贵”更符合商界的游戏规则，而且能尽快占领市场。

因此，最好尽快在独家推出的第一时间内，以适当的价位迅速抢占香港的所有塑胶花市场，一举确定长江厂的领先地位。

这样一来，当跟风者蜂拥而上时，长江厂的塑胶花早已深深植入了消费者心中，市场地位将难以动摇。

就在长江塑胶厂生产的塑胶花即将大规模上市的前两天，意大利塑胶花已进入了香港市场，由连卡佛百货集团公司经销。

连卡佛是英资老牌洋行，走的是高档路线，意产塑胶花价格不菲，只

有少数洋人和华人富有家庭才买得起。

李嘉诚深知，长江厂的塑胶花质量目前还无法与意产塑胶花相比，如果同走高档路线，自然不是对手。因此，李嘉诚更坚定了原来定下的定价思路。

合理定价，这是他的第二个高明之处。

李嘉诚携带自产的塑胶花样品，像最初做推销员那样，一一走访经销商。当李嘉诚把样品展示给他们时，这些经销商被眼前这些小巧玲珑、惟妙惟肖的塑胶花弄得目瞪口呆、眼花缭乱。有些经销商是长江厂的老客户，正因为太了解长江厂了，他们才更加不敢相信自己的眼睛，心想，就凭长江厂那破旧不堪的厂房、老掉牙的设备，能生产出这么美丽的塑胶花？

“这是你们生产出来的吗？”一位客户怀疑地问道，“论质量，可以说与意大利产的不分上下。”

“你们大概怀疑我是从意大利弄来的吧？”李嘉诚早已看出了客户的怀疑，他心平气和地微笑道，“你们可以将两者比较，看看是港产的，还是意产的。”

大家围着塑胶花仔细观看，这才发现李嘉诚带来的塑胶花，的确与印象中的意大利产品有所不同。在样品中，有好多种中国人喜爱的特色花卉品种。

李嘉诚说：“欢迎各位去长江看看，长江虽然还是老厂房，可生产塑胶花的设备却是新的，研制塑胶花的都是新人，当然，现在的事业更是新的。”

李嘉诚眼看报价时机成熟，报出了塑料花的价格，又一次使他们目瞪口呆。他们没想到，这么好的东西，竟然这么便宜，确实太意外了。

物美价廉，当然不愁销路。大部分经销商，都非常爽快地按李嘉诚的报价签订了供销合约。有的为了买断权益，甚至主动提出预付50%的订金。

由于每家经销商的销售网络不尽相同，李嘉诚尽可能避免重叠。他根据消费者层次的不同，分别给予经销商不同的花色品种，以保证销售的均衡。

不久之后，塑胶花迅速风行香港及东南亚。更精确地说，应该是在数周之间，香港大街小巷的花卉店中，几乎全都摆满了长江出品的塑胶花。寻常百姓家，大小公司的写字楼里，甚至汽车驾驶室里，无不绽放着绚烂夺目的塑胶花。

李嘉诚用他的塑胶花掀起了香港消费新潮，长江塑胶厂渐渐开始蜚声香港业界。

在商业诀窍中，有“一招鲜，吃遍天”这一条。李嘉诚率先推出塑胶花这一新兴产品，可以说是“一招鲜”了，但是他并未满足于此，而是在此基础上加以改进和创新，难怪他打遍香港无敌手。

做生意主要有三种方式，一是创新，二是改进，三是跟风。创新吃的就是“一招鲜”，虽然不易，一旦使出来，却费力少而收获大；改进是在别人的基础上做得更好，虽不易造成轰动，后劲却很足；跟风是跟在别人后面亦步亦趋，这样做起来较容易，风险也较小，但跟吃别人的残羹剩饭差不多，收获有限。要想把事业做大，最低限度应持改进的态度，不能老跟风，若有机会，也不妨创创新，来个“鲜中鲜”。

靠魄力打开市场

李嘉诚语录：对市场的掌握一定要透彻，不可一知半解，似懂非懂，更不可雾里看花，跟风赶浪。

商人打开市场不是坐在办公室中想出来的，而是要靠魄力去实现的，这是企业打开市场的硬道理。

企业的发展离不开市场，市场的大小直接决定着生产的规模。香港是个弹丸之地，产品销量有限，只有打开国际市场的大门，才能扩大产量，取得规模效益。

李嘉诚创办起自己的工厂之后，几经风霜与磨难，终于站稳了脚跟，并以塑胶花这一塑胶行业的新产品风靡和享誉香港。

但是，李嘉诚没有被胜利冲昏头脑，更没有满足于已有的成就。他知道，长江厂只是先行一步，等待他的将是与同业的公平而无情的竞争，因为追风跟潮是香港产业界的看家本领。

果然，很快，香港冒出数家塑胶花专业厂。正像人们不知李嘉诚如何获取塑胶花生产技术一样，李嘉诚也不清楚同业是如何掌握塑胶花“秘诀”的。

大家都在抢占市场，而长江厂的现有规模，无法保证在同业中的龙头地位。

1957年岁尾，长江塑胶改名为长江工业有限公司，公司总部由新蒲岗搬到北角，李嘉诚任董事长兼总经理。厂房分为两处，一处仍生产塑胶玩具，另一处生产塑胶花，李嘉诚把塑胶花作为重点产品。

李嘉诚的事业又上了一个新台阶，但他仍不满足。他开始考虑打开海外销路，以此带动生产，进一步扩大规模。

香港的对外贸易基本上为洋行垄断，而华人商行的优势，是在中国内地与东南亚的华人社会。20世纪50年代，西方国家对华实行禁运，香港华人商行的出口途径，基本限于东南亚。

世界最大的消费市场在欧美，欧洲、北美占世界消费量的一半以上。李嘉诚无时不渴望将产品打入欧美市场，他透过《塑胶》杂志得知香港塑胶花正风靡欧美市场。

当时，要进入欧美市场，只有通过香港的洋行，他们在欧美设有分支机构，拥有稳固的客户，双方建有多年的信用。香港的塑胶花正是这样进入欧美市场的，李嘉诚也接受过不少本地洋行的订单。他不甚满意这种交易方式，一切都缺乏透明度——塑胶花具体销往何国何地？代理商是谁？到岸价、批发价、零售价是多少?销路如何?消费者有何反馈?都不清楚。

一家洋行提出包销长江公司的塑胶花。若是别的厂家，或许会认为这是福音，从此产品不愁销路。李嘉诚却谢绝了对方的“好意”，他清楚地意识到，如果接受了对方的包销条件，就得被对方牵着鼻子走，价格、产量得由对方说了算。他决心甩掉中间环节，改变销售途径，直接向境外批发商销售塑胶花。

其实，境外的批发商，也希望绕过香港洋行这个中间环节，直接与香港的厂家做生意，这对双方都大有好处。于是，在为开拓海外市场伤透脑筋之时，李嘉诚终于赢得了一个与境外批发商见面的机会。

有位欧洲的批发商来到香港，李嘉诚把他带到北角的长江公司。看过样品后，批发商对长江公司的塑胶花赞不绝口：“比意大利产的还好。我在香港跑了几家，就你们的款式齐全、质优美观！”

他要求参观长江公司的工厂，他对能在这样简陋的工厂生产出这么漂亮的塑胶花，甚感惊奇。这位批发商快人快语：“我们早就看好香港的塑

胶花，品质品种，处于世界先进水平，而价格不到欧洲产品的一半。我是打定主意订购香港的塑胶花，并且是大量订购。你们现在的规模，满足不了我的数量。李先生，我知道你的资金发生问题，我可以先做生意，条件是你必须有实力雄厚的公司或个人担保。”

找谁担保呢?担保人不必借钱给被担保人，但必须承担一切风险。被担保人一旦无法履行合同，或者丧失偿还债务能力，风险就落到了担保人头上。不过，根据塑胶花的市场前景，以及李嘉诚的信用和能力，风险微乎其微。

翌日，李嘉诚去了批发商下榻的酒店。俩人坐在酒店的咖啡厅，咖啡厅十分幽静。李嘉诚拿出九款样品，默默放在批发商面前。李嘉诚没说什么，认真观察批发商的表情。

李嘉诚的内心太想做成这笔交易了。该批发商的销售网遍及西欧、北欧，那是欧洲最主要的市场。但他未能找到担保人，还能说什么呢?他和设计师通宵达旦，连夜赶出九款样品，期望能以样品打动批发商。若他产生浓厚的兴趣，看看能否宽容一点，双方寻找变通方法；若不成，就送给他做留念，争取下一次合作。

机遇既然出现，他是无论如何不会轻易放弃的。

九款样品，每三款一组：一组花朵，一组水果，一组草木。批发商全神贯注，足足看了十多分钟，尤其对那串紫红色葡萄爱不释手。李嘉诚绷紧的神经稍稍放松，这证明对方对样品颇为看好。

批发商的目光落在李嘉诚熬得通红的双眼上，猜想这个年轻人大概通宵未眠。他太满意这些样品了，同时更欣赏这位年轻人的办事作风及效率，不到一天时间，就拿出九款别具一格的极佳样品。他记得，他当时只表露出想订购三种产品的意向，结果，李嘉诚把每一种产品都设计了三款样品。

“李先生，这九款样品，是我所见到过的最好的一组，我简直挑不出

任何毛病。李先生，我们可以谈生意了。”

谈生意，就必须拿出担保人亲笔签字的信誉担保书。李嘉诚只能直率地告诉批发商：“承蒙您对本公司样品的厚爱，我和我的设计师，花费的精力和时间总算没有白费。我想您一定知道我的内心想法，我是非常非常希望能与先生做生意。可我又不得不坦诚地告诉您，我实在找不到殷实的厂商为我担保，十分抱歉。”

批发商目光炯炯地看着李嘉诚，并未表示出吃惊和失望。于是李嘉诚用自信而执著的口气说：“请相信我的信誉和能力，我是一个白手起家的小业主，在同行和关系企业中有着较好的信誉，我是靠自己的拼搏精神和同仁朋友的帮助，才发展到现在这种规模的。先生您已考察过我的公司和工厂，大概不会怀疑我公司的生产管理及产品质量。因此，我真诚地希望我们能够建立合伙关系，并且是长期合作。尽管目前本公司的生产规模还满足不了您的要求，但我会尽最大的努力扩大生产规模。至于价格，我保证会是香港最优惠的，我的原则是做长期生意，做大生意，薄利多销，互利互惠。”

李嘉诚的诚恳执著，深深打动了批发商，他说道：“李先生，你奉行的原则，也就是我奉行的原则，我这次来香港，就是要寻找诚实可靠的长期合作伙伴，.互利互惠。只要生意做成，我绝不会利己损人，否则就是一锤子买卖。李先生，我知道你最担心的是担保人。我坦诚地告诉你，你不必为此事担心，我已经为你找好了一个担保人。”

李嘉诚愣住了，哪里有由对方找担保人的道理?批发商微笑道：“这个担保人就是你。你的真诚和信用，就是最好的担保人。”

俩人都为这种幽默感笑出声来。谈判在轻松的气氛中进行，他们很快签了第一单购销合同。

按协议，批发商提前交付货款，基本解决了李嘉诚扩大再生产的资金问题。是这位批发商主动提出一次付清，可见他对李嘉诚的信誉及产品质

量的充分信任。

批发商叫侍者拿来两杯香槟酒，举杯说道："我们的合作，一定会很愉快！"

从此，李嘉诚甩开了中间商，产品直销欧洲市场。

古人说"精诚所至，金石为开"，此言不虚。

改变产品的销售渠道，甩开中间环节直销海外，使长江公司的塑胶花牢牢占领了欧洲市场，营业额及利润成倍增长。1958年，长江公司的营业额达1000多万港元，纯利100多万港元。塑胶花为李嘉诚赢得了"塑胶花大王"的称号。这一年李嘉诚30周岁，是一个年轻的"大王"。

强化自己的品牌力量

李嘉诚语录：注重自己的名声，努力工作，与人为善，遵守诺言，这样对你们的事业很有帮助。

每一个善于经商的人都知道品牌的威力，因此非常善于强化自己的品牌力量。李嘉诚一生慷慨捐献无数，这些善行义举无疑体现了李嘉诚的人格和品德，同时也为他和他的企业赢得了良好的公众形象和企业品牌效应，为他带来了无法估量的无形资产。从某种意义上说，这个无形资产要比有形资产更昂贵更具价值，因为，谁不想与一个品德高尚的人结成商业伙伴，谁不愿意与这样的人做生意呢？

当然，如果有人以为李嘉诚的善行义举仅仅是为了商业目的，那就未免是以小人之心度君子之腹了。

公正地说，在这方面，李嘉诚既非毫无商业目的的捐献者，也不是那种一切从商业目的出发的"投资家"，而是一个普普通通的人。

让我们从1978年9月底，李嘉诚作为港澳观礼团的成员，应邀到北京参加国庆典礼这件事说起。

这是李嘉诚有生以来，第一次来到祖国首都，也是他逃避战乱远走他乡的38年来，第一次踏上祖国内地的土地。

香港巨富“三级跳”的助跑阶段。除了有关官员，北京没有谁知道李嘉诚，就连香港商界泰斗包玉刚，当时也鲜为人知。

这样也好，可以自由自在地观光游览。不像现在，只要李嘉诚一出现在公众场合，就会被记者围得水泄不通。

李嘉诚急需了解祖国内地，内地也需要了解这些在香港成功的商人。

观礼团受到了国家领导人的亲切接见，游览了天安门、故宫、颐和园、十三陵、长城。时值十一届三中全会召开不久，李嘉诚从首都的精神面貌上，预感到中国将会发生巨变。

同时，他又从街景、车流、人的服饰等表层现象，看出内地的贫穷落后。首都如此，乡村就更不消一谈。

以往，他透过传媒，对内地的贫困并不陌生，现在亲眼目睹，更是别有一番滋味在心头。我该为祖国做些什么?这一问题时时萦绕在他的心中。

这年年底，李嘉诚从家乡的来信中，获悉潮州有很多返城的“黑户”，或露宿街头，或挤在临时搭起的矮棚笼屋栖身。李嘉诚深为不安，马上复函至家乡政府，提出捐建“群众公寓”，以缓解房荒之急。

幼时，李嘉诚随父读过杜甫的诗句“安得广厦千万间，大庇天下寒士俱欢颜”。在香港，他承建的楼宇近千万平方英尺，却不敢将自己的行为与杜甫的诗联系在一起，因为是出于商业利益。捐建群众公寓，虽不可从根本上解决房荒，也算是为家乡父老尽了一份绵薄之力。

群众公寓两处共九幢，四至五层不等，建筑面积1.25万平方米，安排住户250户。李嘉诚共捐资590万港元，工期分几年完成，陆续迁入新居的住户无不欢天喜地。

1979年，李嘉诚回到阔别40年的家乡。在潮州市政府举行的茶话会上，李嘉诚说出了一席感人肺腑的话：“我是1939年潮州沦陷的时候，随家人离开家乡的，至今已经有整整40年了。40年后的今天，我第一次踏上我思念已久的故乡的土壤，虽然一路上我给自己做了心理准备，我知道僻远的家乡与灯红酒绿的香港相比，肯定是有距离的，但是我绝对没想到距离会是这么大。就在我刚下车的时候，我看到站在道路两边欢迎我归来的，我的衣衫褴褛的父老乡亲们，我心里很不好受，我心痛得不想说话，也什么都说不出来，说真的，那一刻，我真想哭……”

李嘉诚说到此时，已泪水潸然。

回港后，李嘉诚与家乡飞鸿不断。他在信中恳切道：

“乡中或有任何有助于桑梓福利等，我甚愿尽其绵薄。原则上以领导同志意见为依归。倘有此需要，敬希详列计划示告。

“月是故乡明。我爱祖国，思念故乡。能为国家为乡里尽点心力，我是引以为荣的。

“本人捐赠绝不涉及名利，纯为稍尽个人绵力……”

1980年，李嘉诚捐资200万港元，用于兴建潮安县医院和潮州市医院，大大改善了潮州的医疗条件。

其后，李嘉诚积极响应市政府发起的募捐兴建韩江大桥活动。李嘉诚捐款450万港元，名列榜首，庄静庵（其舅舅）列第二，陈伟南（香港屏山集团主席，饲料大王）列第三。共集善款5950万人民币。大桥于1985年奠基，1989年竣工。在大桥东侧笔架山，有一座韩江大桥纪念馆，在捐资芳名榜中，李嘉诚的彩色大照位于正中。

李嘉诚还多次捐善款，资助家乡有关部门设立医疗、体育、教育的研究与奖励基金会，每笔数额10万～150万港元不等。

李嘉诚慷慨解囊，善举义行，在家乡广为流传。尤令人称道的是，他淡泊名利，保持低调。他不同意以他的名字为潮安、潮州两医院命名。

1983年元宵节，家乡政府有多项包括潮安、潮州医院在内的工程落成与开幕剪彩仪式，李嘉诚不愿参加剪彩活动。最后，在有关领导的多次劝说下，他才在开幕前的一分钟赶到医院剪彩。

李嘉诚的善行远远超出了他的潮州老家。

1984年，他向中国残疾人基金会捐赠100万港元；1991年，他又捐出500万港元，并表示1992年至1996年间，将陆续捐赠6000万港元。

1987年，他向中国孔子基金会捐款50万港元，用于赞助儒学研究。

1988年，他给北京炎黄艺术馆捐款100万港元。同年，捐200万港元资助汕头市兴建潮汕体育馆。

1989年，捐赠1000万港元，支持北京举办第十一届亚洲运动会。

1991年7月12日早晨，李嘉诚边用早餐边听广播，惊悉中国华东地区发生百年未遇的特大水灾。他立即通知新华社香港分社，以四大公司的名义捐出5000万港元赈灾，同时倡议全港市民掀起救灾热潮。

数日后，汕头遭遇强台风灾害，李嘉诚又以个人名义捐了500万港元给汕头市政府。

从1979年至今，他捐出的款额逾12亿港元。

在香港，李嘉诚也堪称一个大慈善家。

从1977年起，他先后给香港大学等几家教育机构及基金会，捐款5400多万港元。

1984年，他捐助3000万港元，在威尔斯亲王医院兴建了一座李嘉诚专科诊疗所。

1987年，他捐赠5000万港元，在跑马地等地建立了三间老人院。

1988年，捐款1200万港元兴建儿童骨科医院。并对香港肾脏基金、亚洲盲人基金、华东三院捐资共一亿港元。

20世纪80年代至今，李嘉诚对香港社会福利和文化事业的几十家机构捐善款逾一亿港元。

李嘉诚在商业上的辉煌业绩，以及在公益事业上的慷慨之举，为他赢得了无数的荣誉。

1986年，香港大学校监、港督尤德爵士授予李嘉诚名誉博士称号。

1989年元旦，李嘉诚获英女皇伊丽莎白颁授的CBE勋爵及勋章奖章。

不惜一切来维护信誉

李嘉诚语录：信誉、诚实也是生命，有时比自己的生命还重要。

以诚为本，才能做大生意，这是人人皆知的道理，但不是人人都能够做得到的。而李嘉诚一直是这样做的，无论李嘉诚的事业发展到如何鼎盛，获得的盛誉有多少，他永远也忘不了从事塑胶花生产的岁月。是塑胶花把他引入辉煌事业的大门，坚定他实现远大抱负的信心；塑胶花使他获得磨炼，积累经验，更使他感悟到诚信才是成功做人与经商的基石。

由于李嘉诚在塑胶业内声誉日隆，实力也日渐强盛，因而被大家推举为香港潮联塑胶业商会主席。潮籍塑胶商在香港可以说是具有举足轻重的地位。

在潮商的塑胶热中，李嘉诚起到了一定的表率作用，他的成功激励了更多的潮商加入这一行业。李嘉诚在发展自己事业的同时，也不忘给予潮商同行一定的帮助。

此时的李嘉诚越来越热衷于经商，对担任政府或社团公职已没有多大兴趣。不过，他在担任潮联塑胶业商会主席期间，仍尽力而为，不负众望，尤其是做了一件功德无量、至今仍被传为佳话的好事。

1973年，中东战争引发全球性石油危机，香港经济也受到严重冲击，

尤其给塑胶行业带来了灾难性的影响。

香港的塑胶原料全部依赖进口，石油危机引发原料价格暴涨，从年初的每磅六角五分，一路直线上升，到秋后竟高达每磅四至五港元。塑胶制造业一片恐慌，如临末日。有原料储备的厂家日子还相对好过一些，不少厂家因原料储备不足，一时“无米下锅”，被迫停产，濒临倒闭。

香港的塑胶原料，全部被进口商垄断。

其实，价格暴涨的根本原因并不在石油危机本身，因为国外塑胶原料的出口离岸价只是略有上涨。原料价格急速上涨的真正原因，主要在于香港的进口商利用生产厂家因石油危机产生的恐慌心理，垄断价格，一致提价，再加上炒家的介入，使价格节节攀升，最终到了厂家难以接受的超高价位。

面对这场关系香港塑胶业生死存亡的危机，身为潮联塑胶业商会主席的李嘉诚毫不犹豫地挺身而出，主动挂帅拯救塑胶业。

其实，此时的李嘉诚已经把经营重点转移到了地产上，而且也收到了相当不错的效益。因此这次塑胶原料危机，对长江的整个事业来讲，影响不会太大。况且，长江公司本身就有充足的原料库存，李嘉诚之所以这样做，主要是出于公德心。他不能眼看着潮籍塑胶商们就这样毁于一旦，更不愿整个香港塑胶业就此走向衰落。在李嘉诚的倡议下，数百家塑胶厂入股建了联合塑胶原料公司，甚至有不少非潮籍塑胶商也主动加入进来。

要打破进口商的垄断，只有厂家自己直接从国外进口原料。但单个塑胶厂家由于购货量太小，国外原料商不愿意进行交易。现在由联合塑胶原料公司出面向国外原料商进货，需求量比进口商还大，因此很快便达成了交易，从国外购进了相对便宜的塑料原料。

购进原料后，再由商会出面协调，按实价分配给各股东厂家。在厂家联盟面前，进口商对原料的垄断不攻自破，不得不自动将价格降了下来。

这样，笼罩全港塑胶业两年之久的原料危机，在李嘉诚的鼎力相助之

下，终于烟消云散了。

李嘉诚在这次救业大行动中，还有一个惊人之举。他将长江公司的库存原料匀出了1243万磅，以低于市场价一半的价格救援停工待料的会员厂家。在直接购入国外厂商的原料后，他又把长江本身的配额20万磅，以购入价格转让给了需要量相对较大的厂家。

在危难之中，受李嘉诚帮助的厂家多达数百家。李嘉诚此举真可谓雨中送伞、雪中送炭，他因此也被人们称为香港塑胶业的“救世主”。

李嘉诚扶危济困的义举，为他树立起了崇高的商业形象，他的信誉和声望义薄云天。而这种信誉和声望又回馈了他无穷无尽的生意和财富。

我们且不论李嘉诚是否有更高层次的思想意识，我们只以商论商，李嘉诚此举，无疑已是经商的上乘之作。像李嘉诚这样，救人于危难之中，不但能赢得人缘、信誉及声望，也为其日后创大业赚大钱埋下伏笔。

其实做人就如同经商一样。做人切不可为一己私利，切断他人的退路，不时还应帮人一把。人生活在社会上，与他人之间有着千丝万缕的联系，不要认为没有了他人，自己能活得更好。人有时是需要些肚量和精神的，因为风水轮流转，万一哪天灾难落到自己头上呢?

下篇　王永庆的营，经营当学王永庆

“营”一

客户第一之规

客户就是上帝。没有客户就是没有市场，没有客户的市场需求就没有企业存在的价值，只有不断地了解和满足客户的需求，给客户提供合适的产品和服务，才能让企业得以存在和长久发展。王永庆一直奉“客户至上”为宗旨，高度重视客户管理，提出兼顾客户利益和缓解客户困难的主张，要求业务人员千方百计满足客户需求，达到企业和客户的双赢，这是他之所以百战不殆的必杀技。

不掌握客户就没有市场

王永庆语录：什么是市场?客户就是市场！不掌握客户，就没有市场。

1986年3月4日，当代管理大师彼得·洛伦奇和王永庆在台湾《经济日报》展开了一场关于经营管理的对话。

洛伦奇对王永庆说：“欧美有许多公司犯了一个大错误，就是太注重所谓市场，却忽略了要先了解客户。因为了解客户的需求，才会使公司寻求出更正确的业务推进方法。”

王永庆同意道：“什么是市场?客户就是市场！不掌握客户，就没有市场。”

“客户至上”是王永庆一直奉行的宗旨。在商场上，我们常听人家说“顾客是王”、“客户永远是对的”，为什么客户一定至上呢?王永庆以付钱和收钱的妙喻来说明，他指出：“付钱的（指客户）一定是拿着钱在上面，收钱的（指卖者）一定是伸手在底下接，手在底下接是表示礼貌；绝对没有倒过来的，倒过来就拿不起来了。”

基于“客户至上”的原则，王永庆提出下列两大主张。

1. 兼顾顾客利益

他指出，对于原料的供应者而言，只求一己的片面利益，而不顾及客户经营的需要，绝对无法追求到真正的最大利益。台塑企业在经营理念上一向坚信，唯有能够妥善兼顾顾客利益，自己才能从中求得最大的利益。

王永庆说：“中国人的祖先说过，众人皆知‘取’之为‘取’，但大

多不知‘与’之为‘取’。经营企业如果只做单向思考，一味要从客户方面求‘取’自己的利益，实际将无法‘取’得最大的利益。唯有懂得适度给‘与’顾客利益，帮助他顺利发展，使彼此的业务都能持续扩充，循此途径才能真正‘取’得自己的最大利益。”

2. 缓解客户困难

他指出，在1986年前后，新台币大幅升值，对下游加工客户的产品外销造成严重困境，台塑企业为了缓解客户的困难，在供应原料价格上主动吸收升值的汇率差。

王永庆说：“采取此措施以后，在数年之间，我们总共减损了大约新台币100亿左右的净利。这对台塑而言，负担确实非常沉重，但是为了协助客户摆脱困境，我们毅然而为，结果对于客户的助益极大，也稳住了整体业界（包括台塑企业本身在内）的经营根基。”

由于客户能够生存发展下去，卖方企业才有发展的余地。买卖双方的关系唇齿相依，关心自己企业的发展前途，一定也要关心客户的发展前途；反过来说，关心客户的发展前途，也等于是关心自己企业的发展前途。这就是王永庆所说的“卖也要吃，买也要吃”以及“客户至上”的道理所在。

王永庆经常勉励业务人员要了解“客户至上”的道理。他说：“台湾有一句俗话：‘卖也要吃，买也要吃’，买卖双方都是要追求最高的利益。业务人员必须要了解‘客户至上’的大道理，他受雇于公司，本来要100%站在公司的立场，一心一意为公司谋求利益，现他要做公司和客户的桥梁，是否要各分50%呢？不是这样，既然‘卖也要吃，买也要吃’，业务人员就应站在中国做桥梁，要为两方各追求100%的利益才对。”举凡民生所需的各种产品都通过业务人员，才能顺利地把产品从生产者转送到消费者手中。所以，业务人员是公司和客户之间的桥梁，一定要站在两者的中间，使买卖双方都居于平等的地位。

为了让业务人员能满足客户的需求，王永庆提出下列四个必要条件，缺一不可。

1. 价钱要公道，为了配合客户的需要，甚至要压低价格

王永庆表示，在自由竞争的市场，商品价格完全由市场的供需来调节。如果没有办法竞争的原因是售价偏高，业务人员一方面要向公司报告，另一方面要设法稳住客户，促使他暂时不向别处交易。同时，吁请公司答应降价求售。而公司当局为求产销平衡，一方面答应降价，另一方面为了保全一定的利润，就必须全面研讨降低成本的可行性。

2. 品质要符合水准，而且确保稳定

王永庆指出，价廉而物不美的产品，在市场上一定会慢慢遭到淘汰。大体说来，品质的优劣，根本上涉及科技及工业水准，业务人员可将产品的变化进步情况，随时反映给公司当局，使其认识时代的进步并追求改善；此外，针对现状，当客户发觉产品有异常时，业务人员应该迅速谋求合理解决的方法。

3. 交货期要准确

王永庆认为，台塑企业大多供应加工客户，如果交货拖延，或者客户需要使用多种原辅料，而其中一种原辅料没有按时交货，就会造成客户断料停工的重大困扰和损失，因此，有责任感的业务人员一定会想方设法来防止类似情况的发生。

4. 服务必须周到

王永庆指出，业务人员基于站在公司和客户之间担任桥梁的角色，必须去了解客户有多少的设备？制造什么产品？依照客户的设备产能，每个月合理的原料用量应该是多少？他的产品品质以及成本、售价情形又如何？了解了这些以后，我们就会知道应该在哪些方面加强对客户的服务，或者是再争取交易数量。

总之，王永庆所秉持“客户至上”的经营理念，包括了两大主张与四

个要件。两大主张一是兼顾顾客利益，二是缓解客户困难；四大要件一是价钱要公道，二是品质要符合水准，三是交货期要准确，四是服务必须周到。他认为必须要符合这两大主张与四个要件才能达到“客户至上”的目标。

高度重视客户管理

王永庆语录：只有我们的顾客自上而下地发展下去，我们的企业才有发展的余地。客户和我们可说是牙齿与牙床的关系。如果关心自己企业的前景，就应该也关心顾客的发展。

客户是企业的命脉，因此要让企业做到最好，首先就要对客户做到极致。很多公司都制定了很多规章制度、员工手册来确保对客户服务做到最好，但他们却往往忽略了制定规章本身的精髓——对制度的量化。

今天很多公司都提出了“微笑服务”的口号，但究竟怎样才算“微笑服务”却很少有人明文规定。而优秀与一般的区别就在于，想到他人没想到的，做到他人还没做的。沃尔玛在制定“微笑服务”这条规则的时候，就明文规定“露出你的八颗牙”。

“露出八颗牙”就表明你对客户在真心微笑了。肯德基也是这样，肯德基对生产食物的每一个流程都有专门的详细规定。他们规定，出炉的牛肉饼只要在30分钟内没卖掉，就要扔掉，这就是卓越。

台塑塑料的PVC粉，南亚的硫化橡胶、绝缘胶布，台化的尼龙、人造丝棉纱等产品，几乎全部都是向老客户供货。台塑经过50年的努力，没必要像农民一样，直接把丰收的蔬菜拿到市场上去卖，也不用像小商贩一样各处找买家，但是要维持这些老客户也不是一件容易的事，这就需要做到

极致的管理。

台塑早在十几年前就开始制作“客户数据卡片”了。王永庆认为，凡事都应该从基础做起，应该做到精细和极致，因此他要求台塑的所有员工记录每一位客户的详细数据。从资料卡中就可以很快了解客户所需的产品、设备以及客户的生产能力。有了这些资料就可以掌握客户使用原料的多少，使用时间的长短，然后就可以及时调整工厂的生产计划。其次，客户数据卡还包括客户的基本数据，诸如公司组成、公司位置、公司业绩等。

客户数据卡是客户管理的有效方法。有了数据，还可以在销售人员和销售管理人员之间形成有效的对话。例如，如果出现没有竞争优势的产品价格，销售人员就会不知道该怎样应对，但管理人员如果能掌握客户数据，就可以制定正确的政策。如果管理人员手上没有任何客户数据，在遇到难题的时候，就很容易作出错误的判断，并导致企业亏损。因此收集数据非常重要。

收集客户数据不仅可以及时掌握客户动态，处理紧急问题，更重要的还在于，它可以帮助企业参考整个市场状况和行业水平。收集资料对公司的全局经营至关重要。王永庆说：“只要掌握了客户的往来情况，就可以看到整个台湾有多少家企业正和我们的客户从事相同的买卖。是20家还是60家，这些数据非常重要。”只有掌握了客户的实际资料，才能让经营更加长久。

很多人都羡慕那些看上去一夜成名的企业，总感叹自己的企业没有遇到这样的机会。但事实却是，人们都只看到这些明星企业成功的一面，却没有看到在风光的背后，这些企业都是付出了巨大努力的。所以，只有把这些细致而先进的管理落实，才有可能成为行业的领先者。

此外，台塑为了加强客户管理，还实行了追踪客户的制度。

台塑每年的下半年，在深入调查客户的每月动态并掌握客户的基本情

况（如资金、设备）等资料后，便开始设计下一年度的经营目标。由于台塑能够确实掌握客户需求量的变化状况，因此，所设定的经营目标均极恰当。

管理大师洛伦奇对台塑的这种做法很称赞，他说："台塑这种做法非常好，非常有效果，很少公司能这样做。"

洛伦奇建议台塑进一步深入追踪客户的客户，以便及早知道他们的需求变化。他以美国通用汽车公司为例说："例如卖原料给通用汽车的公司，如果能及早知道通用汽车要由生产大车转为生产小车的策略，那么可以及早跟随它政策的变化做变化。"

洛伦奇又举另一个实例说："因帆船采用聚丙烯板，所以游乐帆船产业的变化，也会影响台塑的业务，因此，帆船产业的变化也要密切注意，这就是追踪客户的客户的道理。"

王永庆欣然接受洛伦奇的建议，于是台塑把"追踪客户的客户"列入了客户管理的内容。

买卖双方都应有利可图

王永庆语录：只有客户的利益和权益得到充分的保障，才会愿意和我们公司来往。

现代企业的竞争是一场没有硝烟的战争。在这个战场上，战士们一个个精神抖擞，群雄逐鹿。可是在一个相同的领域中，除了个别几个垄断行业和国际巨头能够独享市场"蛋糕"外，大多数企业都不能独步天下，在行业竞争的同时，更多的是多元化发展。

一个企业家首先应该学会尊重对手、学会合作。对一家企业来说，

最危险的可能不是竞争对手越来越强，而是眼看着竞争对手一个个都走向衰弱。因为一旦所有的竞争对手都衰弱了，就意味着这个产业正在走向夕阳，或是这种盈利模式已经过时。

百事可乐在最初的70年中，一直都是一个地方性饮料。直到20世纪初，它才从地方走向世界，而其中一个很大的因素就是，它找到了一个竞争对手——可口可乐，并且制订了一系列竞争战略。从此，一个新时代就开始了。百事可乐和可口可乐这对“冤家”通过竞争，在彼此身上找灵感，两家都得到了飞跃式的发展。

在王永庆看来，一个企业要生存就需要产品销路的畅通。销售人员的任务就是克服激烈的竞争，向大众推销自己的产品，产品市场越大，公司的盈利也就越多。在今日市场化的时代，竞争无处不在，可是一定不能盲目竞争，不能恶意中伤你的对手。就像在奥运会比赛时一样，尽管比赛一定存在竞争，会分出胜负，但每位运动员在比赛之前都要握手，然后再进行比赛。王永庆说：“老实说，我在竞争中失败后，从来都没有抱怨或中伤过同行业的人。输了，再努力就是了，没什么了不起的。”好的商业伙伴难找，好的竞争对手也难寻。因此如果有一个好的对手，请好好珍惜，说不定他就是你一生的财富。

除了卖家之间要合理竞争之外，买卖双方也要利益均沾。台湾有一句俗话：“买卖双方都应该有利可图。”特别是针对原料供应者来说，只求一己私利而不顾客户的经营需要，是无法达到利益最大化的。台塑坚信，只有兼顾客户利益，才能使自己的利益最大化。经营者如果只进行单向思考，只求“取”，不知“给”，过分计较一些蝇头小利，总怕自己赚少了，别人赚多了，既不想让上游厂家赚钱，又不想让下游客户得利，那么有哪个傻子愿意吃亏把钱装进你的口袋呢?

台塑和下游厂商的关系一直很好，他们一直本着共同繁荣的原则互惠互利。1980年，受到油价的困扰和地方保护主义的影响，国际经济动荡不

安，PVC的原料价格从1月就开始涨价。但台塑顾及到下游众多工厂的利益，而自动承担负荷，维持PVC原料的价格不变，自动吸收涨幅。由于这样的举动让台塑一个月盈利减少了6000多万新台币。但是，正因为如此，下游工厂也很仁厚地对待台塑。

1984年，王永庆在北美华人学术会上说：“台塑能有现在的长足进步，除了全体台塑同仁齐心协力的努力之外，还有赖台塑下游的1500家工厂的大力支持。如果没有这些下游工厂，就没有台湾石化发展的今天……”

所以要让公司有所发展，首要就必须保证客户的利益和权益。怎样才能保证客户的利益呢？王永庆认为：

第一，产品价格应该合理、公道。在竞争的时候应该考虑到顾客的需要，甚至降低价格出售。

第二，产品的质量是根本，应该达到优质的标准，并且安全可靠。

第三，要遵照合约，按时交货，做好售后服务。

以上三点是获得客户的基本条件，缺一不可。

在市场上，商品的价格完全通过市场的需求来制定和调节。如果由于价格过高而没有竞争力，那么销售人员就应该及时报告公司，同时想办法稳住一部分消费者，使其不会转向其他企业。公司遇到这种不可避免的降价之后，还必须进行有效的成本分析，透过全方位的努力找到问题所在，这是企业经营最困难的工作。

学习小贩的生意之道

王永庆语录：为什么那些风雨无阻、沿街叫卖的小贩不觉得客人粗鲁、不礼貌？仍然以温柔的声音做他的生意呢？因为沿街叫卖了半天，好不容易才有人来光顾，当然要高兴了。这是做生意的道理。

王永庆曾经勉励台塑的干部们，要多多学习小贩沿街叫卖的生意之道。他说："半夜三更听见卖鱼丸汤、肉丸、粽子的小贩，从很远很远的地方一路叫卖过来，及至由附近经过，又跑到很远很远的地方去，仍然可以听见他嘹亮的叫卖声。很少听见有人光顾，可是这些小贩还是一样沿街叫卖过去，不辞辛苦，没有劳怨。

"试想如果客户对我们的营销人员粗声粗气地说：'你马上来！'我们总会觉得他太没有礼貌，而在心里觉得不高兴；可是卖粽子的小贩绝不会有这些感觉，如果有人很粗鲁地喊叫：'烧肉粽，来！'或'鱼丸汤，来！'他仍然会很快地回答：'我马上来！'或说：'来了！来了！'声音非常柔和可爱。

"为什么那些风雨无阻、沿街叫卖的小贩不觉得客人粗鲁、不礼貌?仍然以温柔的声音做他的生意呢?因为沿街叫卖了半天，好不容易才有人来光顾，当然要高兴了。这是做生意的道理。

"我们的营销人员如果有这份认识，他的推销工作不知要愉快多少倍！每个人做事如果都能有这份心怀，他的工作不知会何等的成功！我们如果能够从这些小地方来比较一下自己的处境，我们就会一方面满足既

有，一方面激励自己更进步。”

王永庆更以台湾与美国两地推销塑胶产品的过程，来说明在美国争取客户的困难。

台塑关系企业目前的产品，以台塑的塑胶粉、南亚的胶皮与胶布、台化的嫘萦棉与耐隆纤维来说，大部分都是要经过下游加工后外销。台塑关系企业的主要客户是加工厂，这些加工厂为了确保原料的来源，都主动向台塑接洽采购，而不是台塑的营销人员向各加工厂一一推销。

针对这种情形，王永庆认为台湾的业务工作就好像在天堂一样舒服。他在美国跟营销人员去拜访客户，事先要和客户约定时间，征得对方的同意。有时候对方根本不答应，客户认为不可能和他们做生意，彼此不需要浪费时间；有些因为知道他们在台湾有个相当规模的企业，所以还算客气，愿意和他们谈谈。

王永庆说：“我拜访过的客户当中，大概十家有八家以上都讲得很清楚，他们长久以来都和原料供应商合作得很好，价钱公道，品质也不错，交货也顺利；而台塑、南亚来推销东西，你们的品质如何呢?如何确保交货期?现在虽然你们的价格便宜一些，可是你们总不可能继续这样优待下去啊?这些因素都不能不考虑，所以我们不想更换供应商。”

台塑在美国投资生产的塑胶产品，就是在这种推销十家遭八家拒绝的艰难情况下，一步一步打开市场的。

任何一个企业势必都会经过一个从小到大的过程，在发展的过程中，难免会遇到这样那样的问题，这个时候，只要不气馁，不灰心，坚持下去，那么，终究会迎来成功的。

追求产品的高质量

王永庆语录：讲求成本，要以维护高质量为前提。

企业经营学上有一句话叫“管理是手段，效益才是目的。”怎样才能取得效益呢?当然要靠产品说话。产品质量和服务的好坏决定一个企业的兴衰成败。质量观和服务观是每个企业管理者都必须具备的重要信念。如果一个企业的产品赢得了顾客的广泛赞誉，在消费者中建立了良好的美誉度，就能树立自己的信誉。

星巴克咖啡是一个世界知名的品牌，虽然它在美国仅仅是一种快餐式的饮品，却给消费者提供了意想不到的质量和服务。在谈到它成功的原因时，其总裁霍华德·舒尔茨说：“星巴克不是在卖咖啡，而是在卖文化，卖对咖啡的体验。”星巴克在自己的产品质量和服务上狠下工夫，凸显出自己独特的品味。它所用的咖啡豆均来自于世界顶级的咖啡豆原产地，并远送西雅图专门烘焙。无论是原材料的采摘、运输、烘焙，还是最后送到顾客手中的那一刻，一切都有极为严格的标准。在服务上，星巴克独创性地将咖啡粉放入空调器中，让顾客还没走进店就感受到咖啡的那份醇香。另外，星巴克的所有店员都必须掌握咖啡的知识，了解咖啡产品的种类和搭配，根据不同的顾客提供不同的产品。

麦当劳的创始人创造了一个16字准则：“质量过硬、服务到家、清洁卫生、货真价实。”从开店开始，他就以这几点来要求所有的连锁店，如果哪家连锁店不按这样的准则办事，那间连锁店的经理就会被开除。正因

为麦当劳这样看重质量，所以他们的生意一直很好。无独有偶，台湾人开的“永和豆浆”也是这样。“永和豆浆”的豆浆和油条和其他中式快餐相比，价格要高得多，但仍然有许多顾客宁愿大老远跑来用餐，这到底是为什么呢?原因就在于，他们每炸二百根油条之后，就要重新换油，绝不重复使用。正因为商家这样看重产品的质量，所以赢得了顾客的信赖。

王永庆经营台塑也是这样，他否定那些只追求表面利益、唯利是图的做法。他说：“讲求成本，要以维护高质量为前提。讲求成本要追求它的合理化，比如提高生产效率、防止人为疏忽造成的浪费等等。”台塑力求提供价廉物美的中间原料。王永庆从不允许员工以降低成本为由，用假冒伪劣产品滥竽充数。

台塑要求内部企业领导人要以身作则，起好带头作用，凡事都要追根究底，做到合理化。王永庆说：“如果你在意产品质量，希望产品能有一个好的销路，那么在生产的时候宁可将心思花在100个细节的地方，也不要奢望在技术上有一个大的突破。因为前者更容易让你的顾客增加几十倍。”

决定产品质量好坏的关键不是厂家也不是商家，只有客户说话才算数。好的公司总会采纳客户的意见来改进生产，而不是让客户来听从它。在王永庆看来，即使台塑的产品质量是世界上公认最好的，但如果哪天有客户说产品还不够好，提出了其他的要求，那么不管是在国内还是在国外，台塑的产品就还没有做到最好。为了赢得客户的信赖，台塑非常用心，只要是客户提出来的合理要求，它都尽力满足。

追求好的产品质量和服务是一个持续的过程，台塑在这个过程中，凝聚了企业各阶层的共识，建立追求合理化的习惯，把随时落实做到了极致。

“营”二

善于用人之道

人才永远是事业发展的最大资本，用好人则是事业成功的最佳保证。谁占有人才，谁就会成为强者；谁用好了人才，谁的事业就会蒸蒸日上。王永庆是一个精明用人的高手，他善于挖掘人才，集聚人才，知人善用，人尽其才，针对不同的人，采用不同的方法，将人们的积极性充分地激发出来，为其事业发展提供源源不断的强大动力。

善于从内部寻找人才

王永庆语录：寻找人才非常困难，最主要的是，自己企业内部的管理工作先要做好；管理上了轨道，大家懂得做事，高层管理者有了知人之明，有了伯乐，人才自然就被发掘出来。自己企业内部的制度先行健全起来，是一条最好的选拔人才之道。

人才关系着企业的兴衰。大多数企业都争相从企业外招揽人才，但也有部分成功的企业家另辟蹊径，首先注重从企业内部寻找人才、使用人才。

台塑集团董事长王永庆是台湾一个家喻户晓的传奇式人物。他从白手创业到主持台湾规模最大的企业，从贫无立锥之地到台湾大富豪，与他用人的独到之处有很大关系。他认为人才往往就在自己的身边，因此，求才应首先从企业内部去寻找。他说：“寻找人才非常困难，最主要的是，自己企业内部的管理工作先要做好；管理上了轨道，大家懂得做事，高层管理者有了知人之明，有了伯乐，人才自然就被发掘出来。自己企业内部的制度先行健全起来，是一条最好的选拔人才之道。”

如今有相当一部分企业，虽然求才若渴，可是由于企业内部基本的管理工作没做好，身边有很多人才而不自知，却在那里大叹求才之难，由于管理未上轨道，根本不知道需要什么样的人才，而到处盲目寻找人才。对此，王永庆分析指出，企业家对自己企业内有无人才浑然不知，却又盲目向外找人才。纵使找到了人才又有何用？企业如果不能合适地安置人才，即使拥有再多人才也是枉然。身为企业家，应该知道哪一个部门为何需要此种人才？例如：这个单位欠缺一个分析成本的会计人员或是电脑的程序

设计人员，究竟需要的是哪一种分析成本的会计人员？需要的是哪一类别的电脑专家？困难在哪里？从哪里寻找？如果这些都弄不清楚，如何去找人才呢？如果自己都不了解，怎么去判断何人适合哪一项工作呢？应该说，遇到这种情况，先确定工作职位的性质与条件，再决定何种类型的人来担任最合适，然后再寻求担任此职位的人才。

王永庆说：“就像你苦苦地研究一样东西到了紧要阶段，参观人家的制造，就会触类旁通。如果你不经过苦苦的追求研究，参观人家的制造，仍然一无所得。要自己经过分析，知道追求的目的，才知道找什么样的人才，否则空言找人才，不是找不到，就是找到了也不懂得用。还有，人才找到了，因为自己的无知，三言两语便认为不行的，也多的是；或者因为本身制度的不健全，好好的人才来了，不久就失望而去。”基于这个道理，台塑集团每当人员缺少时，并不是立即对外招聘，而是看看本企业内部的其他部门有没有合适的人员可以调任。这种内部的甄选有两大优点：一方面可以改善人员闲置与人力不足的状况；另一方面则因内部人员熟悉环境，培训费用可以节省下来。

人们常说，培养人才成本最高，引进人才成本居中，内部寻找人才成本最低。由于内部人才活动空间稳定，不易流失，有投入成本小等自身优势，因此，把潜在的人力资源转化为现实的人力资源优势，促使内部人才各显其能，不失为企业充分发挥人才作用的捷径。

选好人，用好人

王永庆语录：企业的成功大都由那些整日与你在一起工作的人决定，而不仅仅是企业家个人。我想，企业家的工作就是为企业挑选出正确的人，然后把他们放在正确的位置上。

在创业的初期，挑选人才，选择好与你共同奋斗的人相当关键。因为那时创业者没有任何犯错误的机会，创业者的时间和精力都必须花在最正确的事情上。因此，不能因为人员管理的问题而增加管理者额外的负担。试想一下，当一个决策者需要花大量时间，并带着郁闷的心情去处理一些问题员工的时候，公司如何生产出一流的产品呢?因此，一定要聘用最恰当的人，只有将最恰当的人放到了最恰当的位置上，才能减少很多不必要的麻烦，让管理者从琐碎的事务中抽出身来，好好带领整个团队。

管理者在招聘公司新人的时候，需要考虑他是否能适应公司的企业文化，是否能融入这个团队，需要了解他个人的价值观和公司的整体经营观是否一致。此外，管理者还要将他个人的能力和公司的要求进行对比，看他是否可以承担起这份责任。台塑有一套完整的人才聘用制度，台塑人力资源部专门成立了考评组，每组都会考评负责人是否都有良好的能力？能力好的员工是否得到了重用?各部门人力资源是否合理？等等。

企业的终极目标是追求利润。创造利润和全体团队的努力密切相关，所以在聘用人才的时候，很多时候都很注意学历和工作经验，想借此在许多应征者中寻找最优秀的人才。可是单凭学历或工作经验，既不能产生优秀的员工，更不会产生优秀的负责人。企业需要依靠业绩来评

价个人能力。只有重视工作质量、合理地分配人员、用人得当，才能创造丰厚的业绩。

在东方社会中，家庭观念很重，自古就有“肥水不流外人田”的说法，因此许多企业都排挤外来人员，就连一些知名企业也不例外，除非这些外来员工加入他们的派系，才能拥有发展空间。这样的做法其实是企业发展的巨大绊脚石。其实，如果把外来人员当作“自家人”看待，施行民主管理，让绩效说话，员工就会付出更多，而员工对企业付出越多，企业的收益自然也就越大。

找到最合适的员工之后，最重要的就是要留住人才。除了可以采用高薪留人的策略之外，还可以利用好的福利和人情留人。随着知识经济时代的来临，越来越多的企业都开始意识到，留住人才的最好福利，就是提供各式各样的培训，让员工求知进修。企业为员工提供培训方面的资助，为他们支付部分或全部的学习费用，甚至包括书本费和实验费等等，一旦这些员工得到了他们想要的培训，又何必担心他们不有所回报呢?

充分激发员工的潜能

王永庆语录：激发全体人员的工作切身感，彼此密切配合，共同为追求更好的绩效努力。

在一般情况下，人力、物力、财力是一个公司最重要的三项资源。但是在很多情况下，老板总是特别强调财力和物力，却忽视了人的重要性，忽视了建立一套合理的激励机制，忽视了培养高效的可用人才的重要性。其实人才是所有因素中最重要的，因为具有优秀品质的产品都是优秀人才创造出来的。很多公司都面临着高离职率的问题，主要原因就在于公司没

有建立一套完整的激发员工潜能的机制。

王永庆说：“我相信所有的员工都希望能做出好的成绩，生产出好的产品，梦想做到最好。既然这样，为什么他们不能发挥潜能呢?”台塑关系企业内部各单位和长庚医院的69部电梯，本来有专门的代理商负责维修。可是，由于很多代理商缺乏专业知识，维修工作的质量因此相当差，但台塑每年还必须缴纳20万美元的维修金。王永庆觉得非常不合理，应该加以改善。于是他决定让自己的医院维修69部电梯，于是召集长庚医院里的一个七人小组负责。他将这个七人小组组成一个成本中心，每年付给他们20万美元的维修费，其中长庚医院会抽取三成，因此小组一年的实际收入为14万美元，按七个人平分计算，每个人每年大概就可以获得两万美元的额外收益。如果七个人完全以受雇的方式工作的话，每人一年的收入大概只有一万美元，而现在的收入增加了一倍，于是他们都尽心尽力地把工作做到最好。而对公司来说，每年不仅可以省下一笔维修费，维修质量也得到了保证，真可以说是一举两得。

此外，长庚医院可以制造义齿的一共有十个人，但是每年他们都效率低下，必须借助外包才能完成工作。王永庆也借鉴了电梯维修的方式，设立了成本中心，然后把每年的量交给一个人完成。如此一来，不仅大大提高了劳动效率，也节省了大笔的开支。

一个管理人员就应该善于利用一切可利用的手段激发员工的潜能。一个组织和另一个组织的真正区别，就在于人员的不同。管理人员应该尽可能让员工产生“切身感”，把公司的事情当作自己的事来做。王永庆说：“由于这些创造切身感所产生的效益，可以促使我们企业内部形成良好的竞争氛围。如果将每个生产工厂当成一个成本中心，让现在的厂长担任经营者的职责，课长担任经理人，以下各层干部依此类推，承担起他们应该负的责任，并让他们享受到经营绩效提升的成果，我想他们的潜能就能被激发出来。这样不仅对公司有利，对员工本身也是非常好的事。而最重要

的是，通过这样的方式，员工和企业的潜能都能发挥到极致。”

在今天这个物质化的时代中，物质虽不能代表一切，却是企业关心员工、激发员工的一种方式。享誉全球的著名企业IBM就设立了一系列激励制度，其中“百分百俱乐部”是一个很有特色的奖励。当公司员工超额完成年度任务，表现相当出色，那他和他的家人在年底就会被邀请参加俱乐部的隆重聚会，并在聚会当天收到一份意想不到的大礼。因此，全体IBM的员工都以获得“百分百俱乐部”参会资格而自豪。

选出适任的接班人

> 王永庆语录：选择接班人实际上是一件很重要而又很困难的事情。但话说回来，道理又很简单。一般来说，如果企业管理合理化、事事明朗就能训练出可用的人才；在这些人才当中，自然可以选出适任的接班人。

对一家企业来说，如果高层管理者突然变动，往往会对企业造成巨大的动荡。领导者突然离职会让整个团队群龙无首而人心涣散，接着会导致公司出现很多不必要的问题：企业业绩下降、股票市值下滑，甚至导致破产。因此，在这一切发生之前，企业就要做好人力资源的准备。其实，国外很多著名企业都有一套完整的接班人计划，这个接班人计划并非是“临终遗嘱”式的“交接”，而是一套完整有序的计划。

王永庆在1975年7月，因肺病赴美接受手术治疗。这个消息传出之后，就立即在股市引起了不小的风波。

台塑当日的股价大跌，很多人甚至怀疑王永庆是否能挺过这一关。有的人还认为，如果王永庆真的就这样倒下，台塑王国可能就会土崩瓦解。

因此，大家都非常关心台塑的接班人问题。人们都在猜测，王永庆会不会像一般的企业家那样，把事业传给儿子呢?然而，王永庆本人似乎对这个问题胸有成竹。

当有朋友问他：“你儿子已经毕业，可以帮你的忙了，可以接班了。”他说：“老实说，儿子是我的，我和一般的父亲一样疼爱他，也希望他能帮我分忧。但是经过考虑，他还在读书，刚毕业可能是满腹经纶，不过他的学问没有经过实践验证，对基层事务也还不了解。因此，一旦儿子进入公司，就得先从基层做起。如果一开始我就让他有一个好的环境，那么他吃苦的机会就会大减。人总是好逸恶劳的，得先让他认认真真地吃点苦头。”

在王永庆看来，父亲爱儿子是一回事，公司合理化的管理是另一回事。有的企业家只看到公司表面上赚钱了，就忽视员工们贡献的宝贵力量，不顾员工每天的勤劳，就擢升刚从学校毕业的儿子当经理，甚至总经理，这是错误的。企业的经营要追求合理化，追求高效率化，因此每一个部门都应该有它合适的人选，这就叫适才适所、专人专事。

如果让一个刚毕业、没有任何工作经验的人担当重任，不知道他会怎样监督他人?部下又怎么会听他指挥?如果这样做了，就充分表示这个企业还在摸索阶段，还不成熟。这样轻率地提拔儿子，抹杀人才，公司的前途就完蛋了。

美国通用公司的董事会被世界公认为最杰出的董事会，在它百年历史中，一共有九位董事长。在他们的领导下，美国通用公司每年都超过美国经济成长率，成长非常迅速。那么通用公司是怎样选出他们的董事长的呢？原来，通用公司有一份名为《总裁交接细则》的文件，上面详细规定了很多选择规范：现任总裁会对手下员工不定期进行考核选拔，从中选拔出较为合适的人选，再让这些人完成各种各样艰巨的任务。现任总裁会亲自找他们谈话，人力资源部门会对他们的工作做出客观的评价，然后逐渐

缩小范围，最后确定最合适的人选。

在某种程度上来说，一个企业的管理者决定着企业的命运，是关乎企业生死存亡的关键人物。因此，在企业新陈代谢之前，就应该做好充分的准备，用合理的制度来规范人力资源管理。

差别待遇十分必要

王永庆语录：公司每年都应该进行薪酬调整，差别待遇十分必要。

在市场营销理论中，有一个著名的“四P”理论；而在人力资源管理中也有相应的“三P”原则。所谓的“三P”是指三种工资形式，即职位(Position)工资、人员(Person)工资以及制度(Performance)工资。这种薪酬制度就能很好地体现差别待遇，不同的职位、不同的贡献获得不同的薪酬。三P原则能很好地帮助公司摆脱员工工资自动成长但赏罚不明的状况。王永庆要求管理者要对员工有充分的了解。只有充分了解员工，并给他安排合适的工作之后，员工才能服从。也只有充分了解之后才能做到赏罚分明，实施差别化待遇。

大部分人都有成功的欲望，都希望自己的劳动能转化成合理的待遇。如果赏罚不分明，就会失去公正，自然也就降低了员工的劳动积极性。因此，实施差别待遇非常重要，但企业该如何实施差别化待遇呢?

一个公平的薪酬制度是评价人员的先决条件，工作表现和所得的报酬应该是成正比的，工资差异十分必要。在员工取得好业绩的时候，公司就应该立即给予他合理的奖励。只有在制度化之后，这项工作才能展开。如果只是凭个别主管的直觉去判断，就会很不公平。在台塑，工厂工人的工

资是按照生产产品数量来计算的，生产得越多，得到的也就越多。而基层管理人员为负责整个生产的基本流程，一般是按照周薪计算；一般的经理则负责个别项目，因此按月薪计算。而高级经理往往需要花几个月，甚至一年的时间才能谈成一个案子，所以他们的薪水是以年为单位来计算。

接下来就是确定具体的薪酬结构。合理的薪酬结构应该具有市场竞争力，让员工觉得公平，因此需要在固定工资和可变工资之间找到一个平衡点，既能稳定员工情绪，又可以刺激他们的劳动积极性。在台塑，员工的工资分为固定工资和绩效工资。其中绩效工资占到工资总额的70%以上，而这就大大激发了员工的潜能。以1971年为例，台塑不仅每年付给员工相当于20个月以上的工资，还注明了员工可以拿到奖金的项目。仅1971年一年，台塑年终的绩效奖金就高达37000万元。

最后，就是建立合理的考评制度了。为了让从业人员报酬的发放更合理，台塑员工的业绩考评是由人力资源部专门的考评小组负责。这个小组是一个独立的部门，不受制于任何一个部门和分公司，而由总经理直接管理，这样就能保证考评工作的公证客观性。而且考评小组采取的个人工作绩效评核是以日为单位，然后累积为月，以作为核发每月薪资或绩效奖金的依据，并将月累积为年，作为年度考绩的基准。

考评小组每完成一次月考评、季考评之后，都会直接上呈总经理，最后按照制度实施奖励或惩罚。在实行金钱奖励的同时，台塑还会根据员工工作的具体表现提供各种福利，如员工住宅、膳食补贴、购物券、信用磁卡等。

只有实施差别待遇，公司各部门的员工才能发挥出巨大的潜力。应该给全体员工一个合理竞争与发挥能力的机会，如果不这样做，就可能埋没人才又失去效率。

该裁员时一定不能手软

王永庆语录：如果我只考虑人情，让现在亏损的状况持续下去，那结果是工厂无法经营，最后只能关闭。到时候，所有的员工都要失业。这是一种妇人之仁的做法，对公司没有任何好处不说，对员工也没有什么好处。

裁员，是一个企业领导者不得不面对，但又最不愿意面对的话题。长期以来，不论在什么时候谈论裁员问题，领导者都会感到烦恼；员工们听到裁员也是一个个神经紧绷。但是对大多数企业来说，为了企业的发展，有时又不得不裁员。那么如果你掌握了这样的“生杀大权”，该怎样让企业尽可能地安然度过这个危机时刻呢？

美国通用公司的总经理说：“任何人，如果他‘很乐意裁员’，那么他就没有资格做企业的领导。反之，如果他‘不敢裁员’，他也不够格做一个企业领导人。”

企业要裁员一般有以下几种情况：首先，由于市场竞争和经营不善，导致企业长期处于困难境地，企业面临生存的危机，只能被迫采取裁员的方式来改变现状。其次，由于企业改革，结构调整，原来很多部门现在都进行重组，于是产生了很多冗员，所以裁员可以提高人力资源的利用率。最后一种就是根据员工的业绩进行裁员，淘汰掉不适合企业发展的人员。

在王永庆看来，企业在该裁员的时候一定不能手软。当他接管Baton Rouge以及Delaware两家工厂之后，就开始大规模的裁员。当时有记者问他：“您觉得这样大规模的裁员，是否考虑到那些被裁掉的工人会面临极大的生活困境呢？”他回答说：“如果我只考虑人情，让现在亏损的状况

持续下去，那结果是工厂无法经营，最后只能关闭。到时候，所有的员工都要失业。这是一种妇人之仁的做法，对公司没有任何好处不说，对员工也没有什么好处。”

王永庆也不是没有替员工着想，但是更重要的是顾全大局。那些被裁掉的员工在短时间内可能会遇到问题，但是从长远来看，企业这样做绝对是件好事。

合理的裁员可以让员工更加珍惜现在的工作。企业用人也要从过去的单纯追求学历、职称而改成追求能力、实力。只有建立了合理的制度，公司才能高效运转。

企业裁员也一定要制定详细的计划，一旦有裁员的想法就要实时地将真实情况告诉员工，请他们体谅公司所面临的困境。在整个过程中也要做到信息公开透明，执行的时候要秉持公平、公正的态度。另外，为了避免因裁员引起的劳资纠纷，企业在裁员时应按照劳委会的各项法规，给予被裁员工一定的经济补偿，尽量减少以后不必要的麻烦。最后，针对留在公司的员工，领导者需要做好沟通工作，让他们尽快走出裁员的阴霾，提高士气，重建高战斗力的团队。

做一个深谙领导艺术的高手

王永庆语录：身为一个管理人员，不仅要明了部属的想法，对于世间的一切事物及人与人之间的相处之道，也应有更深入的了解。宽严务求得宜，才可以带动自己的部属。

办企业不是做过路生意，不要因为机遇赚到一笔钱就心满意足。企业要有健全的管理制度，也要有适当的人才来继续营运。作为一个成功的企

业家，王永庆对管理有着自己独到的见解。他认为对组织的协调，就是要将企业内所有的员工努力拧成一股绳，并指导他们朝着企业的目标共同奋斗。善于协调各方面的关系，是领导艺术的一个重要方面，也是作为领导者的一个重要任务。现代的管理理论，建立在系统论的基础之上，对任何物件的管理，需达到整体优化的目的。台塑的许多规章制度也体现着这方面的含义，对生产过程中每一件产品的产出都制定了严格的要求，既准确又可行，同时也使管理工作更有主动权。

不过，管理的重心始终是“人”，这同时表明许多东西并不能采取简单的定量或定性的方法，而是需要企业的领导者运用领导艺术和哲学思想去处理。美国决策理论学家、诺贝尔奖得主A.西蒙认为，所有不能定量化、模式化、程度化，但又需要领导者及时处理的问题，都需要领导艺术。领导艺术被广泛运用于那些不能依靠固定的程式，不能依靠严格的定量，不能依靠可解的数学模型，而是需要依靠领导者的知识、经验、智慧、直觉力来处理的问题上，可是这样的问题又是非常非常多的。王永庆认为，领导艺术由四个方面组成，即统筹的艺术、决断的艺术、用人的艺术与应变的艺术。如果一个领导者能将这四个方面结合起来，适时适当地加以运用，则可算得上是高明的领导者了。王永庆一直是一个驾驭领导艺术的高手。他知人善用，人尽其才，针对不同的人，采用不同的方法，将人们的积极性充分地激发出来。台湾地区的企业有一种较普遍的现象，就是员工的流动率很高，甚至严重影响到了企业的发展。有几次，王永庆同日本友人谈起台湾企业员工高流动率的现象和这种现象对经营活动形成的阻碍时，日本人很不以为然地说：“这可能是你们中国人的天性吧！在日本，这可不是什么问题。”不过，王永庆并不这样认为，他认为员工的流动与所谓的“国民性”没有什么关系，而是环境使然。

在王永庆看来，造成台湾员工高流动率的原因有如下几个：

1. 辞职后可以马上找到待遇更优厚的工作。

2. 因为目前的工作不理想，缺乏兴趣，而且认为再做下去也不会有前途。

3. 因为人事方面的问题多，感到不满而离职。

4. 其他企业主动前来挖人，开出更为优厚的条件，吸引对自己有较大作用的人才。

众所周知，日本企业的员工很少有中途离职的，一般人会“从一而终”地在一家企业终身服务。这其中的一个原因是日本企业在制度方面较为完善，各项管理也上了轨道，无论是管理者还是员工，彼此的信赖度较高。而且日本企业对待人才的态度也有所不同，他们认为真正有能力、懂得做事的人才大多是在企业内部成长起来的，唯有本企业内土生土长的人才才能从根本上保证企业的发展需要。他们一般认为，从别处挖来的人才不太可靠，所以也很少有从其他企业挖人的想法。一位日本企业的高级管理人员曾经对王永庆说过这样一席话：“我今天的职位，是从操作员、管理员开始，一步步地升上来的，对生产管理及至营业活动我大致都应付得了。在日本，自己创业当老板十分不易，所以也很少有人有这种想法，而且除非企业倒闭，一般也很少有人中途跳槽。在日本语中，中途跳槽叫‘中途突人’，会面临降级或是减薪，所以除非是不得已而为之，否则人们会认为跳槽是一种可耻的行为。”在美国和德国，员工跳槽是极为常见的情况，由于他们的企业管理制度比较完善，加之社会保障体系较好，所以员工换工作或自我创业并不是什么大事，而且还被当作是一种自我能力的体现。

王永庆认为，人才的流动并不是坏事，关键是管理者要能从中发现自身可能存在的问题。企业要将训练人才当成是一项重要的工作来做，而训练人才的关键则在于主管的领导是否正确，懂不懂追求效率、分析改善。做主管的须及早醒悟，明确自己的职责，对部属的要求要做到正确与高效率，设计一套科学的事务处理办法，提升部属对工作的兴趣，使其所做的工作符合要求。如此一来，部属有实绩表现，自然会产生兴趣，也能较为

轻松愉快地接受工作。

王永庆指出，企业经营管理的内容是多方面且错综复杂的，例如产品的品质能不能符合标准?售价能不能为顾客所接受?企业的竞争力究竟如何?营业人员对客户来往及事务处理是否有条不紊?售后服务能不能使客户满意?生产与销售是否配合较好?客户对于品质的抱怨，到底是什么原因导致的？所有这一切都需要人的力量去完成，因为一个企业兴衰成败的原因固然有很多，但追根究底，无非是“人”的问题。一个企业的领导者，只有具备超强的责任感，员工才会有向心力，公司的各种业务也才会进展较顺利。相反，如果企业在人才管理方面比较欠缺，无论过松或是过紧，都不能为员工提供一个公平的发展环境，当个人的能力无法充分地发挥出来时，整个机构的竞争力也将大受影响。如果领导管理过于松散，一味温和，则员工很容易被“惯坏”，变得言行随便，且不思进取；如果过于严格，则往往会导致部属心理畏缩，表面顺从而内心不满，缺乏主动性，不愿将自己的全部精力投入到工作中去。可见，“物极必反”的道理在管理中也是适用的。领导者要宽严得体，才能发挥出管理的艺术，收到事半功倍的效果。正如王永庆所言：“身为一个管理人员，不仅要明了部属的想法，对于世间的一切事物及人与人之间的相处之道，也应有更深入的了解。宽严务求得宜，才可以带动自己的部属。”许多领导者喜欢对自己唯命是从、逢迎拍马的下属，而对那些持不同意见的人加以排斥。其实，聪明的领导者绝不会只想着将自己的部属培养成唯命是从的傀儡，而是让他独立思考，自主地工作。

王永庆认为，企业要有完善的管理经验，必须要有“懂事”的人做领导。只有懂得追求需要，追求目的，以最适当的手段去达成，才谓之管理。所以，企业的领导者要不断提升自己的能力，使自己成为深谙领导艺术的高手，带领企业走向辉煌！

“营”三

关系维护之妙

经营关系就是在经营成功。人生在世，没有谁可以单打独斗成就一番事业，都需用结交各种人际关系，以利用其中的资源，帮助自己抓住各种机会，战胜各种困难来壮大发展自身的力量。纵观王永庆的事业发展过程，他建立的人际关系起到了非常关键的作用。从早期踏入塑胶工业和后来台塑的发展过程中，他通过经营各种关系，使自己涉险不惊并勇渡难关，让自己的事业得以顺利发展。

拥有良好的政商关系

王永庆语录：人与人之间是相互回报的。

良好的政商关系，会让你大大受益。

中国是一个商业文化先天不足的国家，“士农工商”，几千年来，商业一直是为人所不齿。当然，这种情况到了近几十年来有了很大的改变，商人的地位有了根本的改变，那些成功的商界人士，更是人们崇拜与仿效的对象。

过去，那些从商发展的人，一般都不希望自己的后代还从事自己的“末业”，而是要让其读书走仕途，有时甚至不惜花巨资去为自己或儿孙们买个官当当。在中国的传统文化思想里，存在所谓的“官本位主义”。当然，现在的情况可能正好相反，在许多国家，那些政要们的亲戚纷纷利用官场便利，兴办企业，由于良好的政界关系，使他们的企业在诸多方面都有着他人所不能比拟的优势。

由于政商关系的极端重要性，可以说，没有一个商人敢忽视，王永庆亦不能“免俗”。王永庆崛起于乡野之间，本身并不具备深厚的家族背景。在其事业的起步阶段，曾多次遇到当权者的阻挠，给他平添了许多麻烦。不过，随着自己的事业越做越大，也随着阅历的增长，王永庆对政商关系有了新的认识，他着力与当局许多重要人物修好，以互相依存，互相协助。可以说，良好的政商关系，让王永庆如虎添翼，获得了更大的发展空间。

以王永庆所拥有的庞大家族产业而言，其在台湾地区有着举足轻重的地位，这也成为政界人士从不敢忽视他们的原因所在。尽管这个家族中并没有人在政坛任职，但凭借其良好的政商关系，为其洞悉与把握台湾的经济发展趋势奠定了很好的基础。

王永庆本人并没有在政界任过职，不过，他曾在1985年被聘为“经济革新委员会”产业组召集人，这也反映出台湾当局对其在经济管理方面的信任与器重。虽然从台塑创办之初，王永庆就得到了当局的大力支持，得到了许多官员的协助，不过，在台塑的发展过程中，在建立轻油裂解厂工程中，他受到了来自政界的许多压力。因为当时的当局担心，一旦王永庆的事业做得太大，可能有一天会控制不住他。

在台湾，王永庆虽然并没有担任一官半职，他却可以随时见到那些高官，其关系之广，影响力之大是显见的。另外，王永庆与弟弟王永在在台湾商界的关系也是极为广泛的，台塑集团旗下的几十家企业，与许多家族大企业互相持股，从而形成了一个庞大的互相持股与投资的商业关系网络。

作为一个有世界影响力的大企业家，王永庆不仅在台湾地区有着重要的影响力，而且还借助其国际知名度，与许多国家的领导人及商界名流建立了良好的关系。

王永庆几乎每到一地，都会得到有关国家领导人的会见。20世纪80年代初，当台塑打算在美国投资的消息一经传出，美国两个州的州长亲自出马争取这个专案。不光如此，加拿大、印尼及菲律宾的领导人也通过各种途径争取让王永庆到自己的国家投资设厂。在1988年，美国得克萨斯州还组织了一个高级代表团前往台北访问王永庆。

王永庆的弟弟王永在，一直也是王家庞大家族产业的重要人物，尽管他的威望与影响不及王永庆，但在建立与政界及商界的融洽关系方面十分有建树，成为王永庆发展事业的坚强后盾。

在台湾地区，各大财团都拥有自己的高尔夫球场，因为这是建立良好的政商关系的重要场所，王氏家族当然也不例外。王氏兄弟投资建立的长庚高尔夫球场是许多名流显要的聚会场所，每逢假日，那里往往贵宾如云，或交谈畅叙，或展开公关攻势，球场也因此声名远播。长庚高尔夫球场的会员证价码高居台湾第二，此外，还每年定期举办“会长杯”与“总经理杯”两项球赛，以加强联谊。

作为一个白手起家的大家族，王永庆在儿女的婚姻问题上并不在意什么门当户对。不过，王永庆与原配夫人所生的次子王文潮娶了台湾地区前“警备总司令”陈守山的女儿为妻，这也可以看作是政商关系的一种延伸吧。

作为王氏家族的第二代企业家，王文洋一直是王永庆的得力助手。同时，王文洋还是台湾多家民间工商界联谊团体的成员，其在政界、商界都交往甚广。近年来，王文洋大力拓展大陆市场。

虽然政治与经济是两种不同体制的东西，实际上却很难真正分开，尤其是那些事业做得很大的企业家，往往更需要政界的支援。王永庆深谙此道，他通过种种努力，运用灵活的手段建立了良好的政商关系，同时洞悉时局，把握时机，为事业的发展插上了翅膀。

人脉是一笔巨额隐性财富

王永庆语录：今天我帮他一把，明天他就会帮我一把。

世界上所有富人的共同点是什么?著名的成功励志大师卡耐基的答案是：一本厚厚的名片夹。意思就是说，所有的百万富翁都拥有建立人脉的

能力。在当今的社会中，人是一种非常重要的资源，也许成败就在于你结识了哪些人，哪些人成为了你的贵人，你又成了谁的贵人。

一个人想要有所成就，就必须非常重视人际关系，而创业初期的年轻人应该更重视这个问题。古语说得好，“活着靠人带，死了靠人拜。”在刚开始创业的时候，你可能没钱、没经验、没技术，这些都不要紧，只要你拥有一颗真诚的心，多结交朋友，掌握好人脉这个资源就够了，因为人脉可以帮你补足你缺少的东西。

王永庆从做生意开始就非常重视建立人脉。台湾光复后，当局大大加强对粮食等重要物资的监控，严禁私人越区运输粮食，王永庆因为违反禁令被捕入狱，在牢中被关了29天。这件事令他终生难忘，但也正是这次牢狱之灾，让他放弃了米店的经营。在朋友的支持下，王永庆开始做木材生意。

由于经营木材生意，王永庆经常往返台湾各大著名的林场，并与客户结下了深厚的友谊。在做木材生意时，他对客户的条件放得很宽，往往都是等到客户卖出木材之后再结账，而且从不需要客户做任何担保。不过没有一个客户曾拖欠和赖账，原因就在于王永庆不但了解每一个客户的为人，也理解他们做生意的难处。正因为有了这份信任，客户很快就跟王永庆建立起了深厚的友谊。

现在华夏海湾塑料有限公司的董事长赵廷箴，当时从事建筑生意，建厂时需要大量资金周转，于是向王永庆表明自己的困难。王永庆二话不说，立刻借给他十几根金条，还不收分文利息。这样的举动不仅帮助了赵廷箴，两人更结下深厚的友谊。赵廷箴的营造厂成立之后，工程上所需要的木材全都向王永庆购买赵廷箴，因此也成为他最大的客户之一。

王永庆后来回忆这段往事的时候说道：“人和人之间都是相互回报的。今天我帮他一把，明天他就会帮我一把，所以赵廷箴先生向我买木材。”正因为结识了木材界众多的“绿林好汉”，所以王永庆才能在木材业迅速崛起，站稳脚步。直到今天，木材业还是他的重要产业之一。由于

光复后的台湾百废待兴，建筑业蓬勃发展，王永庆木材厂的生意非常兴隆。到1946年，也就是王永庆30岁时，他已经积累了5000万元的资本。

如果你想要创业，但没有一个有钱的老爸，也没有万贯的家财，更没有高官可为后盾，是不是就永远不能改变现状，一直穷困呢?答案是否定的。如果你建立了充足的人脉资源，有一群可以在你最需要帮助时，二话不说就伸出援助之手的朋友，你在不久的将来就会成功，因为人脉就是你的一笔巨额隐性财富。

积极寻求贵人相助

王永庆语录：天下的事情，没有轻轻松松，舒舒服服让你能获得的。凡事一定要经过苦心追求，才能真正明了其中的奥妙而有所收获。

创业者都希望得到贵人相助，那么哪些人才是你的贵人呢?其实在你周围的每个人都可能成为你的贵人，尤其是身边的朋友。在你创业的某个阶段，在你最需要帮助的时候，能给你最需要的东西的人，就是你的贵人。那么贵人从何而来?在平时应该如何找到贵人、厚植人脉呢?这是每一个创业者都应该知道的事情。

其实，找贵人并不需要刻意为之，只需要在人际交往中与他人坦诚相待，大方沟通就行。对于第一次见面的人，千万不能置之不理，而是要想办法让路人成为朋友，让邂逅成为永恒。王永庆最初和“经济部长”尹仲容并不熟，但赵廷箴与部长有不错的关系，所以在一次商务宴会上，赵廷箴将王永庆介绍给尹仲容认识。这两人一见如故，相谈甚欢。

台塑建立之初，危机四伏。由于这是台湾第一次自主研发生产PVC塑料粉，因此谁也不敢保证产品的质量。而当时台湾当局又实行管制进口的政策，因此很多企业都大量向外国采购PVC塑料粉。所以在1957年3～12月这段期间内，台塑的经营危机非常严重——这段时间生产的PVC塑料粉一吨也没卖出去。不仅销路出现了问题，工厂员工也整日消极怠工。当时台塑的处境真可谓是骑虎难下，四面楚歌，几乎面临破产。面对这样的困境，王永庆挖空心思也没能想出解决的办法。这个时候，老朋友的力量发挥出来了。

尹仲容是台湾“经济部长”，对时局看得非常清楚，他连忙跟王永庆说：“如果市场仅仅局限于台湾，那下场只有一个，死路一条。你现在的任务是努力去争取海外市场，唯有扩大销路才能挽救现在的局面。”

于是，王永庆就开始思考拓展海外市场。由于规模很小，当时每月100吨的产量在市场上根本没有任何竞争力，所以王永庆做出一个大胆的决定：他一方面努力扩大规模，增加产量来降低生产成本；另一方面又积极联系其他合伙人筹资建立加工厂，为他们自己的产品找出路。这项措施在1958年的8月收到成效。产量从每月100吨一下子增加到200多吨，生产成本得到了有效的控制。不过，这种产量跟日本那时的月产量相比，还差了很多，所以在海外市场上仍然不具竞争力。因此，王永庆决定进行第二次扩建。

在当时工业会第一处处长沈观泰的全力协助下，台塑在1960年顺利完成了1200吨的扩建。这次扩建之后，产量大增，生产成本大幅度下降。与此同时，王永庆还成立了一个加工公司——南亚塑料公司，帮助台塑销售PVC粉，将生产和销售做到全面的结合。王永庆在台塑年庆大会上感激地说：“回想当年，在外汇管制日益加强的时候，如果不是沈观泰先生支持我的扩建计划，台塑不知还要落后世界多少年。”

因此创业的时候就必须多多留意身边的人，培植自己的贵人。贵人多了，就可以大大缩短你成功的时间，因为贵人可以为你提供想象不到的资源，让你如虎添翼，在创业的道路上走得更顺。

靠诚信赢得人心

王永庆语录：生意场上就得一诺千金。

一个企业最长远的资本就是企业的信誉，以诚相待是商场交际中最重要的筹码，也是创业者最应该具备的素养之一。大多数矛盾都可以用诚信的方法来解决。只要能以诚待人，赢得良好的声誉，获得他人的信任，就是获得一大笔无形资产，会让一个人终身受益。

王永庆做生意时，十分讲究信用。台塑公司在1973年办理的现金增资案，最能表现他的诚实守信。1973年时，台塑为了扩大规模，再次办理现金增资。当时有很多人前来购买股票，台塑就提出按增资股权乘以每股244元台币的价位办理。但是，不久就碰上石油危机，世界金融受到影响，台湾的股市也大跌。所以，在1974年年初进行承销抽签时，台塑的股价已经跌到238元台币，比原来的价格少了六元，因此股市投资者个个人心惶惶。很多被套牢的股民四处喊冤。

台塑公司马上就召开股东大会，而那些被套牢的股民代表，要求王永庆补偿承销价和市场价的差额。王永庆当着众多股民的面宣布，在6月30日以前，如果增资股的市价没能超过244元台币的承销价，台塑公司就以6月30日的收盘价作为弥补承销价和市场价的基准。股市到最后依然大跌，6月30日的收盘价仅为202元台币，很多股民也更加失望了。但王永庆此时仍按照约定，每股退回了42元台币来补偿差价。台塑这一次用来补偿差价的金额就达到4000万。

其实，如果那些股东真的去打官司，未必可以打赢台塑，但是王永庆还是本着信守承诺的原则补偿了他们。尽管这让台塑伤得很重，但是王永庆一诺千金的美名却远扬海外，至今还被很多投资人津津乐道，而且这一美名后来确实给了他丰厚的回报。王永庆此举让股民对他本人和台塑都产生了莫大的信赖。金融危机过后，股市恢复正常，台塑的市值迅速上涨，还顺利完成了增资的任务。

曾经担任过经济部部长的江丙坤，曾在许多场合公开表扬过王永庆诚实纳税的事情。他说："台塑1993年的销售额为12000亿台币，纯利润大约有1600亿台币。台塑的12万股东得到了利益，拥有9%股权的王董事长也取得相应的收益，但是他缴纳的税金就高达l160亿台币。"

诚信在商界的重要性大家有目共睹。联想之所以能取得巨大的成功，诚信就是一项很重要的因素。在联想的办公大楼上就刻着他们诚信文化的标语："取信于客户、取信于员工、取信于合作伙伴（股东、政府、供货商、代理商、媒体等）。"联想宁可损失金钱，也不能丧失信誉。他们告诫员工："清清白白做人、光明正大做事、勤勤恳恳劳动、理直气壮挣钱。"

在一个成熟的市场中，企业的无形资产会大大超越有形资产。对客户来说，最不能容忍的就是欺骗，良好的口碑就是企业的一张王牌，它能让企业在激烈的市场竞争中脱颖而出。没有了信誉，企业就没有存在的基础，哪怕它是一家百年老店。

曾经名噪一时的安达信就是一个很好的反例。安达信创立于1913年，是全球著名的五大会计师事务所之一：代理全美2000多家上市公司的审计业务，占全美上市公司的1/5。安达信还在全球设立了近4000家分公司，拥有2000多家合作伙伴。但是，这么著名的公司在经济利益的诱惑下，与恩龙公司串通作假，提供假消息给大众，最后，美国国会、司法部门、证券交易委员会分别对它进行调查。事件经媒体曝光之后，美国联邦、福特汽车等60个大客户纷纷宣布与其解约。2002年，安达信终于支持不住，最终

被竞争对手收购。通用前CEO杰克.韦尔奇曾说过：“能凭靠的就只有我们的诚信。”

上述两个正反两方面的例子正好说明了，企业发展离不开诚信，诚信才是企业的立身之本。一个有长远目标的企业家，首先就应该有诚信。

设身处地为他人着想

王永庆语录：做生意时应该是合理的，应该为生意伙伴着想，而不应该只想到自己。

在商业竞争中，我们常常会为了获取最大的利益，而只注意自己。其实这是一种愚蠢的行为，最好的方式应该是双赢。也就是说，不踩着对方的肩膀往上爬，也不会卑躬屈膝，而是双方都获得相应的利益。就好比吃一顿自助餐，人人都可以各取所需，这才是最好的合作。

王永庆向来认为，做生意时应该是合理的，不仅要为自己着想，还要为生意伙伴着想。在和对方谈判的时候，一定不能咄咄逼人，应该有一定的限度。只有了解对方，双方达成一种默契，才能获取最终的胜利。如果让对方认为台塑是一个既没能耐又不会做事的企业就麻烦了。

跟别人做生意时，还要兼顾对方的习惯，所以王永庆要求他的员工在处理业务的时候要尽量使用对方国家的语言。如果有12个人坐在一起，即使其中只有一个日本人，那么在进行业务往来的时候也要尽量使用日文，这是一种礼貌的表现。王永庆曾说，中国人的头脑很好，但对做生意却不太在行，因为中国人做生意最不细心，不能实事求是，不能为他人考虑。那些非洲及东南亚等落后地区的国家，发出的信件和电报都比我们要强得多，而且他们会考虑到我们的习惯，用我们的语言进行商务贸易。这点我

们恰恰做得不够好，我们常常习惯用自己的语言和别人沟通，这种做法在商务贸易中很不礼貌。

王永庆还注意到，美国、德国、意大利等欧洲国家在经营自己事业的时候都非常用心。“只要我们这边一发电报，即使是20万元台币的生意，他们也会派人前来。如果是我们到他们的工厂参观访问，他们一定会到机场迎接。而且带我们到宾馆后，就会对第二天陪同我们参观工厂等事项做详细的说明，不会像我们一样只是坐在一起喝酒、玩乐，以为这样才是礼遇。即使是喝酒，他们也和我们不同，他们知道自己能喝多少就喝多少，但我们却见不得对方的酒杯空着。”

如果懂得尊重他人、照顾对方，合理地保护自己，那么大家就都会有发展。如果只为自己考虑，那么世界上哪有这么愚蠢的傻瓜会被你三番五次欺骗?人与人相处就是这样，时时都要有一种“设身处地”为他人着想的心态，多去理解他人，才能获得友谊，赢得商机。

做人一定要善良

王永庆语录：做人一定要善良，只有善良，别人才愿意和你打交道。

美国当代著名的成功学大师金克拉说过：“如果财富丢了，你就只失去了一点；如果没了信誉，你就会失去更多；如果没有了爱，你将失去人生的全部。”优秀的管理者总是善于和下属沟通。他们不会随意责骂下属，而会以一种仁爱的方式善待他们。他们懂得如何说话才能达到最好的效果。人非圣贤，孰能无过?面对下属犯错就斤斤计较、小心眼的人不可能赢得他人信任。创业是一项团体的事业，只有那些能激发每个人的力

量，集合所有人的优点和潜力的人，才能成为领袖人物。王永庆就是这样一个懂得善待下属的领导。

王永庆是一个非常念旧的人，尽管他对属下的要求十分严格，但在关键时刻，他还是以仁爱为本。阿明是王永庆的老司机，跟着王永庆南来北往十几年了。随着年纪慢慢增加，阿明已经不能再当司机了。于是王永庆念在阿明追随他多年的情份上，就安排他在台塑高雄工厂里当仓库管理员。这个工作既不需要花太多精力，也不需要什么技术，而且收入也不错，对阿明是再适合不过了。但由于阿明过于沉迷赌博，欠下了一屁股的债。为了还清债务，阿明不惜铤而走险，把仓库中的原料私自偷运出来，拿到市场上变卖还债。到了年末仓库盘点的时候，主管才发现很多材料不知去向。阿明在事情败露之后，再也不敢去上班，整天过着东躲西藏的日子。

王永庆知道之后，马上派人到乡下找到阿明。阿明见到王永庆之后，惭愧地低下头，心想："这下全完了，王董事长素来严厉，这次肯定要坐牢了。"结果出乎阿明的意料，王永庆并没有报警，而是狠狠地骂了阿明一顿，让他吸取教训不要再赌博了。王永庆说："人总会做错事，这是不可避免的，但只要发现做错了，就得马上更正，更正后还可以好好做人。我就是这样不断地要求自己。你一直跟着我，这么多年来吃了不少苦头，这次糊涂犯下大错，在经济上给公司造成这么大的损失，我想你自己心里也很内疚，所以我就不再说什么了，明天继续回到公司上班，把你的过错弥补起来。"阿明听了这番话后，当时就差点感动得跪下。从此以后，阿明心甘情愿地为王永庆卖命工作。

在台北老家新店市的直潭，王永庆还特地在老宅子里整理出一块小花园，并在花园中盖了一座"报恩亭"，用来怀念祖先。他常常对公司员工说："做人一定要善良，只有善良，别人才愿意和你打交道。"

王永庆对基层员工也很爱护。一位曾经被王永庆召见过的职员回忆说："在我的想象中，王董事长是一个非常严格的人，整天都板着一张脸

的大人物。想不到这次的接触却改变我多年来对他的印象。他其实是一个非常和蔼的上司，从不吝惜自己宝贵的时间与属下进行沟通。他会不厌其烦地跟你讲做事的原则和方法，尽管要求很严，但是他往往很爱护努力工作的员工。”

在经营公司的时候，老板和下属的沟通一定要讲究人性化。老板是人，员工也是人，老板千万不能滥用老板的权力，一定要讲究策略，得人心才能得天下。

“营”四

吃苦耐劳之功

不经一番寒彻骨，哪得梅花扑鼻香。世上没有免费的午餐，没有付出就没有收获，要想获得比常人更多的成就，就必须付出比常人更多的汗水。王永庆拥有常人所没有的吃苦耐劳之精神，他由此还提出了著名的“瘦鹅理论”，指出要想成功，需要学习瘦鹅那样的忍耐力和面对困境时的坚毅态度，刻苦耐劳，这样方可渡过难关，踏上人生的坦途。

拥有瘦鹅一样的耐力

王永庆语录：人在失意的时候，千万不能倒下去，而是要像瘦鹅一样，努力锻炼自己的忍耐力，只要能坚持下来，终有一天会茁壮成长的。

王永庆出身贫寒，超出了一般人的想象。其父王长庚以教书为业，收入十分微薄，全家人耕作着几亩茶田，靠卖茶叶为生，尽管茶商可以成倍赚取大把大把的钞票，可是茶农仍然只能挣到仅供糊口之钱。所以，在王永庆贫寒的家里，除了两间尚可躲避风雨的茅草屋外，一贫如洗。

小小年纪的王永庆，不得不面对生存的艰难与困苦。他每天都会随母亲守候在运送木材或是煤炭的板车车旁，捡拾从车上掉下来的木材、煤块，换点小钱来补贴生活。就这样，他在板车旁度过了贫困的童年。

王长庚不希望儿子沿袭自己的生活，下决心把他送进学校，希望他学点文化，将来能改变王家的处境。不过，学校生活对七岁的王永庆来说一点儿也不轻松，他每天天未亮就要起床，拎着沉甸甸的水桶，一趟趟地从附近的水井取水，直到将家里的大水缸装满，再向十公里外的学校跑去，放学后还要去喂猪。恶劣的生活环境让王永庆无法安心读书，他的成绩也一直很差。

就在这一家人艰难度日的时候，更不幸的事情又降临到了他们的身上。王永庆九岁那年，操劳过度的父亲一下子重病不起，全家的生活重担都压在母亲身上。王永庆不得不开始了半工半读的生活，一边上学一边为别人放牛，来帮助母亲维持一家的生计。王长庚眼看着自己不光不能干活，还要连累妻子儿女，竟然决定上吊自尽，幸好被家人及时发现，才没有酿成更

大的悲剧。但这件事在王永庆的心中留下了永生难忘的悲怆记忆。

不过，辛酸的童年生活，也给了王永庆另一种人生历练。他吃苦耐劳，早早就懂得了生活的不易，没有勉强自己一定要读书走仕途，而是希望自己能早一点学会谋生，自立自强。

1930年，15岁的王永庆放弃学业，只身来到嘉义的一家米店做工。一年后，他用父亲借来的200元，开了一间自己的小米店，当起了老板，这不能不说是他人生的一个大飞跃。他身兼伙计与老板，为了让自己的米好销一些，他挨家挨户地去推销，尽可能地多卖一些。

各家店的米从价格和质量上，都没有太大的差别，王永庆为了能让自己的米店更受欢迎，决定从品质与服务上下工夫。他在售卖之前，会将米里的杂质认真地拣干净，使米的卖相更佳。此外，他还主动为顾客送货上门，而且到了客人家，他会先将米缸里的旧米倒出来，再将新米倒入。他还会认真地记下客人家里的人数，到了客人下一次需要买米的前两三天，便将米送上门去。

此外，王永庆还会记下顾客发薪的日子，有的人在月初领薪，有的人在月底领薪，王永庆都会一一记在心上，待顾客的领薪日过后两三天再去收账。通过这种在细小处的用心，许多人感到这个小老板不光卖的米好，而且服务也很周到，所以他们都成了王永庆米店的固定客户。王永庆的米店，生意也比以前好了许多。

正如当时人们所讲的一句俗语：“粜米卖布，赚钱有数。”开米店不仅辛苦，利润也非常微薄。这种艰苦的经历让王永庆体会到，人只有通过自身的努力，才能改善处境，而且做生意时，一定得比别人想得多，想得周到，才能赢得顾客。

随着米店固定客户的增多，王永庆买来了碾米的设备，自己碾米自己卖。后来，他又租下了一家规模较大的碾米厂，把碾出的米批发给别的米店。此时的王永庆，终于踏上了成为实业家的第一步。

在自己当了老板，生活条件有所改善之后，王永庆也没有改变自己幼

年时代养成的勤劳、节俭的习惯。他甚至连洗个热水澡的钱都会省下来，他想，每天省三分钱，就等于多赚了三斗米的利润。

由于当时台湾处在日本人的统治之下，日本人对粮食的经营与采购采取高压政策，所以王永庆不得不结束了自己米店的生意。此时的王永庆手中已经小有资产，考虑到当时社会局势极不稳定，生意不好做，他便在家乡附近买了二十多亩地。在当时那种极为动荡的时局下，将资金投入到土地上，对26岁的年轻人来说，实在是冒了很大的风险。投资土地虽然稳妥，但回报速度很慢。不过这也显示了王永庆老到的投资眼光。

其实，王永庆一直记得老一辈生意人的话：好不容易赚了点钱，如果只是吃吃喝喝，那么家产很快就会败光耗尽。如果将它用来买地，则不仅可保值，还能提升社会地位，而且在日后想有所发展时，还可作为信用的保证，向银行借贷。这也正应了中国人的一句老话，叫“有土斯有财”。

1942年，王永庆接管了一家砖瓦厂，不过很快便经营不下去，只好关门大吉。但是王永庆并没有就此罢休，他仍然继续寻找着更好的机会。1943年，王永庆决心转向做木材生意，在经过了一段蒸蒸日上的时期后，由于受到山林滥伐及浪费无度的影响，整个木材行业也随着林源的枯竭而走向萧条，王永庆不得不面临又一次抉择。

年纪轻轻的王永庆，已经经历了人生的多次成功与失败。这一点一滴的磨练，让他的心智更趋成熟、稳健，也显示出了他非凡的韧性与生命力。在他的著作《生根·深耕》中，王永庆曾这样写道：

“当时在乡下各个家庭都饲养鸡、鸭、鹅，除了喂食粮食，也供以吃剩的食物。但是自从战争严重缺粮以来，连人都遭遇到饥饿困境，当然没有杂粮和剩余食物可以喂食，所以都是放出任其自寻食草等物果腹。看各个家庭所饲养的鹅大多骨瘦如柴，只是在苟延残喘而已，这种鹅价值不高，我就想，如果能找出饲料，养鹅的问题就可以解决。当时农村收取高丽菜以后都将菜根和粗叶弃留在田地，为了利用这些菜根和粗叶，我就雇工收回，另外向‘共精共贩’的统合碾米组织购买稻米的碎米死米，混合

起来作为养鹅的饲料，同时收购各乡农户养得半死不活的瘦鹅，集中起来进行饲养。瘦鹅看到食物就拼命吞食，一直到喉咙也塞满食物为止，几个小时后喉咙囤积的食物消失了，就又大吃一顿，如此周而复始，没有间断。所以从开始不到二斤半的瘦鹅，经过饲养以后，每天都看得出来在长大长胖，三个月就变成肥壮的鹅，重量增加两三倍，从一般最多的六斤左右提高至七八斤，成果丰硕。

“这些瘦鹅经过长时期的饥饿，如果生命力不强可能已经成为残废，即使再加以饲养恐怕也是成效有限，可是如果经过长时期挨饿仍然不残废，即可见其生命力相当强韧，加以饲养以后不但很快就能恢复正常的成长，甚至成长情形比一般的鹅还要良好。在日本殖民统治又遭遇战争的特殊情况下，作为台湾百姓不能完全伸脚出户，只能每天默默在乡下的砖瓦厂度日，隔绝于自我的期望与理想之外，这种境遇就如同瘦鹅每天惨淡地接受饥饿折磨一样。但是瘦鹅一旦重获温饱的机会，很快也会恢复正常的生长体态，在日本人统治下居住于台湾的中国人，也要像瘦鹅一样具有强韧的生命力，才能够长时期忍受持续不断的折磨，渡过重重难关生存下去。”

失败并没有让王永庆消沉下去，反而激发出了他更加强韧的生命力，就如他在“瘦鹅理论”中所讲的那样，只有渡过难关，才能生存下去。

只有刻苦耐劳才能弥补不足

王永庆语录：天下没有轻轻松松、舒舒服服就让你得到的事物。凡事一定要经过苦心的追求、经历才能真正明了其中的奥妙而有所收获。

世界上大多数人的智力都相差不多，但为什么有人成功有人失败呢？最关键的因素不在于先天的智力，而在于后天努力的程度。天下没有免费

的午餐，没有舒舒服服就能成功的人。凡事都有因果关系，如果你肯下苦功，那么自然会有好结果。

1975年1月9日，只有小学学历的王永庆在美国圣若望大学接受荣誉博士的表扬。在赠与典礼上，他在台上说了一段感人肺腑的话。他说："我幼时无力进学，长大时必须做工谋生，也没有机会接受正式教育。像我这样一个身无专长的人，永远都感觉只有刻苦耐劳才能弥补不足。而且我出生在一个近乎赤贫的家中，如果不能刻苦耐劳，简直就无法生存下去。直到今天，我还常常想到，由于生活中受过的煎熬，才让我产生了克服困难的精神和勇气。幼年生活的困苦，也许是上帝赐予我的福音。"勤奋刻苦不但是他成长的座右铭，也是促使他成功的主要动力。

王永庆一生都很勤奋，七岁的时候就帮母亲上山捡柴，料理家务；15岁便离家到米店工作；16岁开米店，整日辛劳，靠一斤米赚一分钱，维持店面生意，最后成为台湾首富。虽然事业越做越大，但他从来都没有倦怠。在一次记者招待会上，有一位记者曾问王永庆："您认为您能有今天的成功，哪一项因素最重要?是靠运气吗？"他回答说："运气可能对成功有帮助，但是今天可以靠运气，明天呢?后天呢?成功最重要的因素还是在于勤奋。"

王永庆也要求台塑公司的员工这样做。他把公司的资产分成有形和无形两大类。有形的资产是可见的、可计算的，而无形资产就是整个企业的灵魂和文化。无形资产中很重要的一个因素就是员工是否勤劳肯做事，气势高昂。在王永庆看来，无形的资产远比有形的资产重要得多：一家公司只要能算出损失多少，就不是很严重的损失；如果公司员工工作不努力、做事不勤奋，这个损失就很严重了。

成功不是偶然，有些看来只是偶然的成功，只是一种表象，而不是事实的本质。成功需要脚踏实地的奋斗精神。很多年前，一个退伍的军人去找拿破仑·希尔，说他想要找一份能养活自己的工作。拿破仑·希尔觉得他不像是一个鼠目寸光的人，也从谈话中了解到，他不但在部队里练就了一身好功夫，还有一手好厨艺。于是拿破仑·希尔就问他：“你是否愿意这样平庸地过活?”这位年轻人说：“不，我希望自己有所成就。”

拿破仑·希尔说：“好，那你就得好好吃些苦，把你在部队练就的厨艺本领好好发挥，不久就可以成为百万富翁了。”

年轻人将信将疑地说：“可是，我现在只是一个退伍军人，帮人煮饭就可以成为百万富翁吗?”

拿破仑·希尔笑笑说：“只要你肯努力。”于是，这位年轻人在拿破仑·希尔的指引下，每天都努力地工作。十年之后，他拥有了一家高级餐厅。

有的人会说，成功是一件很难的事，只有天才才能成功。其实，只要勤奋，每个人都能成功。古语说得好，“业精于勤荒于嬉，行成于思毁于随”、“天道酬勤”，命运和机会都藏在勤奋之中，当机会降临的时候，就看你是让机会偷偷溜走，还是让自己更加勤奋地工作，牢牢抓住机会，造就一番伟业。

现在很多年轻的创业者都幻想一夜暴富、一夜成名，殊不知从贫困到富有，最关键的一点就在于要懂得量力而行、稳健发展。心急吃不了热豆腐，要想收获，先得付出。管理学中有一个著名的“80/20定律”，意思是，世界上只有20%的人是最优秀的，他们掌握了世界上80%的好机会，同时掌握了世界上80%的财富。那么这20%的人是怎样做的呢?他们的一个共同点就是：他们都不会急于求成，在创业初期不急于见到利润，而只是默默地比别人多付出5%。

王永庆早年做生意就是这样。当时的米价非常便宜，一斗米12斤半，本钱是五角，但他只卖五角一分。也就是说，卖一斗米只能赚到一分钱。即使是这样，王永庆仍然坚持在质量和服务上下工夫，做到质量第一、服务第一、信誉第一。

有一晚过了两点，整个镇的人都睡了，王永庆也早已关门休息了，可是突然听到外面一阵急促的敲门声，于是他披上衣服打开门，原来是嘉义火车站旁边的饭店厨师，说是半夜有人住店，等着要吃饭，可是恰巧店里

的米不够了，要王永庆马上送一斗米过去。

当时正值台湾的雨季，外面下着倾盆大雨，如果换一个人遇到这样的情况，不是假装睡着没听见，就是赶走敲门的人。可是王永庆并没有那样做，而是马上准备好米，用油布包好，披上麻衣，戴上斗笠，迅速把米送到饭店。

一斗米只能赚到一分钱的利润确实太少了，于是王永庆决定转向投资粮食加工厂。他很快就买了一大批碾米的设备，开起了碾米厂。碾米厂最初的营运非常不顺，因为他对面就是另一家碾米厂，这家碾米厂是一个叫福岛正夫的日本人开的。

当时台湾正值日本统治期间，中国人和日本人受到的待遇简直是天壤之别。中国人做生意不但得不到政府的丝毫帮助，还常常受阻。他们两家工厂相隔不到50米，可是经营状况却大不相同：福岛正夫工厂每天的顾客常常比王永庆多几倍。但王永庆不放弃，反而下定决心，一定要战胜日本人。他清楚地知道，要想战胜日本人唯一的办法，就是比他们多付出，比他们更加努力地工作。

福岛正夫的碾米厂每天下午六点半就关门停业，可王永庆却一直坚持做到十点半，每天都比日本人多工作四个小时。这样一来，晚间的市场就被打开了。一方面争取了很多晚间要货的客户，另一方面，由于在晚间营运，也不会和日本人发生太大的冲突，因此能够继续生存下来。

经过几年时间的努力，在嘉义的26家碾米厂中，王永庆排名第二，而福岛正夫排名第四。在日本政府的统治下能有这样的成绩，全靠他那种“比别人多付出一点”的信念。这个信念在以后漫长的岁月中，一直影响着他，让他一次又一次地渡过难关，超越自我。

世界上绝大多数著名企业都是从默默无闻的奋斗中发展起来的：丰田汽车从生产织布机开始起家，宝马从生产三轮车开始发迹，万科从电器开始创业，全球最大的微波炉生产商格兰仕从生产鸭绒产品开始……这些例子都说明了，要想成功，首先要付出，要刻苦，才能补不足，才能成就事业。

成功的关键在于自己努力

王永庆语录：贫寒的家境以及在恶劣条件下的创业经验，使我年轻时就深刻体会到，先天环境的好坏不足喜亦不足忧，成功的关键完全在于自己的努力。

很多创业者总羡慕有的人一出生就有良好的家境、雄厚的资金、丰富的人脉，而自己却一无所有，只能白手起家。他们总是抱怨命运的不公，整天郁郁寡欢。确实，生活总是不公平的。有的人一出生就可以住洋房、开好车，但有的人就算花一辈子的时间也不见得能得到这一切。面对这样的现实，没必要去抱怨、去懊恼，最明智的选择就是接受。换一种角度看，贫困也是一种福。正因为贫困，才更有斗志；正因为贫困，想要成功的心才更迫切；正因为贫困，才能吃得苦中苦。斗志、成功欲望和吃苦精神正是创业者必须具备的重要素养。

王永庆出生的村子里住着上百户人家，绝大多数都没念过书，只能靠做苦工为生，因此全村都很穷，王永庆家也不例外。而且，王永庆上有一个姐姐，下有两个弟弟、四个妹妹。对这个原本就不富裕的家庭来说，要养活八个小孩简直是雪上加霜。家里为了节省粮食，一日三餐喝稀饭是常事，只有在过年的时候才能吃到一点猪肉和白饭，一过完年就要开始吃稀饭了。

王永庆的母亲非常贤慧，她知道炒青菜不放油是很难入口的，因此每次炒菜的时候总会放一点。可是放多了又负担不起，所以每次都只放一滴半滴。用这么一点油炒出来的菜，当然很不好吃。可是每次吃剩的菜，王永庆的母亲都还舍不得倒掉，总要留到下一顿再吃。此外，王永庆的父亲

体弱多病，于是母亲就承担了家里一切的家务。一年365天，母亲忙进忙出，非常辛苦。王永庆看在眼里，心里非常难受，所以从他懂事开始，就经常和母亲一起到他家附近的台道上捡木材贴补家用：他们把大块木材拿到市场上卖，小块木材则捡回家煮饭。

王永庆的家境虽然贫寒，可是父母依然非常重视小孩的教育。王永庆七岁的时候就被父母送到小学上学。因为学校离家很远，所以王永庆每天总是很早起来，先到附近的井里提水，把家里的水缸装满水之后，再徒步十几公里去上学。每次放学回家，王永庆还要扛一袋50台斤的饲料回家喂猪。他曾在台塑集团庆典上回忆道：“每天最痛苦的事就是放学回家还要带50台斤的饲料。”

王永庆小学三年级的时候，也就是他九岁那年，是家里最困难的时候。父亲病倒了，全家的生计落在母亲一个人身上。母亲在原有的工作之外，又租种一块菜圃，好贴补家用。王永庆身为长子，为了解决家庭困难，就开始半工半读。

他先找了一份替人放牛的工作，一个月赚五毛钱贴补家用。家庭的贫困也让他从很小的时候就懂得，人必须靠自己。于是，王永庆小学毕业后就外出闯天下。在日后的打拼中，只要他一想起自己童年的困苦生活，再大的困难也咬牙撑过去。每逢回忆往事的时候，他总说：“贫寒的家境以及在恶劣条件下的创业经验，使我年轻时就深刻体会到，先天环境的好坏不足喜亦不足忧，成功的关键完全在于自己的努力。”

无独有偶，香港巨富霍英东也是这么成功的。1930年，年仅七岁的霍英东就失去了父亲，他的姐姐和哥哥也在来年纷纷落海而亡。霍英东小小的年纪就遭受了这般打击，开始过着贫苦的生活。后来他自己回忆说：“我从小就很受苦，那时真的很穷。我一心就只想发财，就连走路都想如何才能捡到钱。日本人来了之后，我的日子就更苦了。为了活下去，不得不到机场替他们工作，结果却失去一根手指。后来听说在柏拉斯小岛上有一种药材能卖钱，就跟人去了。结果不到六个月，不但没有赚到钱，反而

得了一身的病。”可是正因为这样，霍英东磨练了自己，练就了一身的本领。1954年，他终于捉到商机，毅然投资房地产，将财富迅速增加到十亿，从此他的财富雪球就越滚越大。

贫困是锻炼人生意志最好的学校，对创业者来说更是这样。在不屈不挠的人们面前，贫困会丢掉狰狞的面容，变成成功的天使。要知道，努力奋斗才是成功的关键！

勇于吃苦才能有所成就

王永庆语录：要想达到最高处，就必须从最低处开始。

王永庆说：“我们对事物的感觉可能会有所不同，最关键就在于，你是否对这些事物下过一定的苦功。人只有先经过一番苦心的追求，才会真正尝到收获的甘甜。”王永庆不仅自己有这样的认识，也用这样的信念教育子女。

王永庆最出色的三女儿王雪红就承袭了父亲这种能吃苦的精神。她不靠父亲的帮助，自己一个人在外打拼14年，现位居台湾女企业家富豪榜首。创业八年之后，她创办的“威盛”市值已经超过他父亲亲手创办的台塑。在这个男性占主导地位的社会，她闯出了自己的王国，拥有了自己的一片天地——虽不靠父亲资金的援助，但父亲对她的教育是她成功的根本原因。

王永庆其实很担心子女因为家庭条件很好，于是养成骄奢的不良恶习，所以在每一个小孩念中学或是更小的时候，就把他们送到英国、美国读书。王家三姐弟回忆他们的童年时总会说：“被父亲送到美国念书，老实说我们的童年并不十分快乐。但是我们要感谢父亲，让我们去历练，让

我们自己面对很多事情。”当时的王永庆虽然十分富有，对儿女的学费、生活费却是锱铢必较，如同他管理企业一般，什么都做到“刚好合适”，没有给子女一点闲钱和机会去享乐。他和儿女们的交流都是靠书信联系，从来都不会打电话。“因为国际长途电话太贵了。”每次写信，父亲都会要求他们说明每笔钱的用途，就连买支牙膏的钱也必须说明。

王永庆对孙子也十分严格。在美国念大学的长外孙（他长女的儿子），利用暑假空闲的时间回到台湾，进入台塑实习，但王永庆并没有安排一个舒适安稳的工作给他，而是让他直接到生产线实习。同时王永庆要求他每天、每周都要写工作报告，总结这周有何收获。王永庆一直认为，人在年轻的时候就该多吃点苦头。如果你不能吃人家所吃的苦，前途就很难乐观。

对于创业者来说，身份低贱并不可怕，一无所有也不可怕，可怕的是没有一种勇于吃苦的精神。每个获得成功的人，早在他们功成名就之前，就已经默默地努力过很长一段时间，而这就是所谓的厚积薄发。

所以，王永庆严肃地告诫众多创业者：年轻人要创业就不要怕辛苦，怕辛苦就不要选择创业。他总说：“别人那么辛苦都不在乎，我难道就不能和别人一样辛苦的工作吗?别人做得来，我也一定做得来。”王永庆也很看不惯那些轻易退缩、轻易说辛苦的人。有一次他参加一个大型的聚会，聚会结束的时候，一位很有名气的妇人走下台来，台下的丈夫马上伸手过去说：“夫人，辛苦了，您真是辛苦了。”

王永庆当时就在他们身旁，听到这番话之后非常诧异，更气愤地说：“真不明白有什么好辛苦的，她不就是坐在台上看吗?这种夫妻之间的礼貌也太周到了吧。难道是妻子太娇弱了，坐着也辛苦吗?坐了一会就满口‘辛苦、辛苦’去劝慰是很要不得的。”

王永庆每天早上四点就会去台北高尔夫球场打球，偶尔会在高尔夫球场上遇到一些认识的人，而他们都会用讨好的口气说：“王董事长，您真是辛苦啊，既要管理好公司，每天早上还风雨无阻，这么早就出来运动，

真是太不简单了。”

王永庆听后只是客气地说声谢谢，心里却想：这也算辛苦吗?那些做鲜花和海鲜生意的人为了打理生意，每天凌晨两点就必须起来进货，即使天气再冷也不例外。他们为的是什么?还不是早些起来，可以拿到更便宜的货源，然后用尽心思去赚取十几元的差价。每天刚算完当天的所得，又得开始新一天的生意。我来打高尔夫，需要花3000多元，如果不是会员就得花6000多元。不过，这是在享受。那些每天为了自己的生计，整日忙碌的人都没有说辛苦，我怎么能说辛苦。

台塑在进军海外市场之后，王永庆就经常对员工说：“我们有很多不利的因素存在，对手拥有比我们更强大的政府支持、更先进的技术设备、更快的物流支持，如果不努力，可能很快就会输给对方。我们能依靠的就只有一个，那就是勤劳能吃苦的美德。倘若连这一点都失去了，那不论什么事都会输给别人。因此，我们不能忘本，先苦才有后来甜。”

每一步都要脚踏实地

王永庆语录：到目前为止，我一直是一个勤勉工作的人，身负着为社会和台湾地区效力的使命感，孜孜不倦地经营事业，因此才能达到这种精神上的改变。

童年生活的困顿与年轻时代的打拼，使王永庆形成了务实、稳健的行事风格，从而奠定了他一步步走向成功的基石。

让王永庆获得巨大成功的台湾塑胶工业股份有限公司，就是在他的领导下脚踏实地、步步为营地发展起来的。

20世纪50年代初，台湾地区的“工业委员会”正着手推动一系列工业发展计划，其中包括由美国援助兴建生产石化工业基本原料的PVC（聚

氯乙烯）的工厂。当初，“工业委员会”准备将这个专案交给一家财团承办，但此财团的核心人物在前往外国考察后认为，筹建PVC厂产量小，成本高，无法形成规模化经营，不能和其他国家竞争，所以决定放弃这个专案。

而当时的王永庆正在申请一个由美国援助的轮胎制造方案，大财团的放弃，给了他绝佳的机会。经过三年的辛苦筹建，塑胶厂终于建好并投入生产，这便是后来闻名全世界的台湾塑胶工业公司。可当时，它却是世界上规模最小的PVC厂。不过，当时由于台塑的PVC产量少，成本高，所以产品基本上没有销路，处于囤积销存的状态。

面对出师不利的窘境，王永庆认为台朔的唯一出路就是增加产量，降低成本。同时他决定筹建加工厂以消化PVC粒，再想办法外销加工品。1958年，台塑生产的塑胶粒月产量比以前增加了一倍多，而南亚塑胶公司的成立，更是形成了从原料生产到加工的生产体系。这样，王永庆将原先不利的局势扭转了过来，劣势变成了优势。

后来，王永庆进一步拓展塑胶加工业的商机，与人合资成立了卡林塑胶公司，生产雨衣及浴帘等塑胶制品。1959年，王永庆又成立了新东塑胶加工公司，大量生产鞋类、皮包及玩具等，利用台湾当时充足的劳动力，以低价高品质的产品与外国同行展开竞争，并打入了国际市场。

台塑公司是王永庆进入石化行业的开始，也是他迈向成功最重要的一步。经历了起步阶段的种种困难之后，台塑公司的规模不断扩大，公司的实力也得到了增强，1965年3月，台塑终于公开上市，获得了更大的发展空间。

台塑公司在王永庆的带领下，不断扩张，形成了多元化的发展格局。20世纪70年代初，王永庆利用美国石化行业的低迷时期，大胆将触角伸向海外，收购了美国多家化工厂及美国铝业公司的天然气事业部，同时还在得克萨斯州兴建新工厂，取得了华人企业家的傲人战绩。

如今的台塑集团，产品已经出口到世界各地，包括香港地区、东南亚、中国内地、欧洲、美洲等地。而王永庆也随着台塑的发展，成为世界知名的企业家。王永庆旗下最著名的三家公司——台塑、南亚、台化，被誉为王永庆累积财富的三宝，更是台湾制造业的榜样。

王永庆经营的事业，每一步都是实实在在的。正如他所说的那样，经营者成功的秘诀并不等于学分加学历，而是要刻苦耐劳，脚踏实地，这才是事业成功的根本。

年轻人须从基层做起

王永庆语录：成功的最重要因素是勤劳，从基层做起。

1979年3月20日，王永庆应邀在台湾大学商学研究所进行专题演讲。演讲完毕，有一位研究生问他说：“在您成功的过程中，您认为哪一项因素最重要?有没有运气的成分?”

王永庆答道：“今天以前有运气的成分，今天以后就不能靠运气。成功的最重要因素是勤劳，从基层做起。”

还有一次，王永庆到辅仁大学演讲，一位学生问他对大学刚毕业的年轻人有何建言。

他答道：“年轻人刚踏入社会之时，不要东挑西挑，任何工作都可以做，都有前途；特别在企业界，只要你努力学，一年就可以得其要领，而三年有成，可以一展雄心大略。”

从王永庆这两段回答中，我们可以知道，他认为成功没有捷径，奉劝想要成功的年轻人，唯有找份工作，刻苦耐劳，按部就班，从基层做起。

一个大学刚毕业的年轻人，被某公司录用后，常以为凭自己的学历，当个干部应当绰绰有余，所以就放不下身段，不愿吃苦耐劳，从基层做

起。殊不知，学历只不过代表学到了若干知识，这些知识管不管用，还有待考验。所以，如果不从基层工作经验中培养工作实力的话，终究会眼高手低，难成大器。

王永庆指出，我们为学也好，做事也好，就跟盖房子一样，一定是从基础做起的。读书，由小学到中学再到大专；盖房子，由地基建起，没有从屋顶先盖的。做事也一样，必须由底层的基础工作开始，事无贵贱，职无高低，不从基础学起、不从基层做起，将来当了主管怎么管得了基层的事?

王永庆为了贯彻“从基层做起”的理念，严格规定台塑关系企业的大专新进人员，不论任何科系，不论将来担任何种职务，更不论他是谁的儿子（他自己的儿子也不例外），一律得参加轮班训练，从最基层做起。在六个月的训练期间，他们将被派到泰山、彰化、宜兰、高雄等厂区，直接到生产的最前线，参与轮班的生产作业。

王永庆说：“大专新进人员将来都要担任公司干部，如果没有利用新进这段期间好好训练，加入基层工作亲身去体会，将来升为干部必然不懂，但已经没有机会再从基层做起。无论为公司利益也好，为爱惜人才、培育人才也好，都应该在他们进入公司的时候，给予从基层做起的机会，实地到现场去参与轮班工作。”

轮班训练的过程中，受训人员除了参加生产作业，其他像打包产品、搬运物料、保养机械都要去做，而且也必须和作业员一样，轮着上白班、夜班。同时，每个月还要提出心得报告，由主管辅导考核；六个月训练期满后，再由总管理处派主考官到各厂区举办期满考试，成绩合格者才正式任用。

轮班训练非常辛苦，此种训练的主要目的在考验新进人员吃苦耐劳的精神，磨炼他们的意志与耐力，以及正确的工作态度。同时，让他们了解，公司经营得好坏是从基层开始的，如果将来当上主管，才知道基层在做些什么。

对于少数仍然保持传统士大夫观念，不肯接受轮班训练，或是吃不了轮班工作苦头的人，纵使他们在校成绩名列前茅，还是一概不予录用。

轮班训练的效果，可从下面两个台塑人江荣俊与郑仁伟的谈话中看出端倪。

江荣俊指出，他大学念的是企业管理，经过六个月实务性的工作，以往在课本上所学的理论性内容，都能在实际工作中获得印证。而轮班训练，使他对连续性生产过程的了解可以比教授讲述得更具体、更生动。以前在学校写报告总是泛泛之论，抓不到问题核心，但是现在利用轮班训练的体会，做专案改善时，已能针对问题提出具体的建议。

郑仁伟则表示，轮班训练能让他钻到问题里面看问题，从不同的角度看事情，往往能发现新的问题点。在一个环境里待久了，任何事物都会被视为理所当然，但是当你接触新环境时，往往会有很多“看不顺眼的事”，而这些“看不顺眼的事”，常常就是问题所在。

王永庆对轮班训练的成效下结论说：“日本人常说他们要培养一位一流企业里的一级主管，非要12年以上的时间不可。其实我倒认为，只要我们的轮班训练做得彻底，六个月以后再按其专长或志趣，有计划地训练和培养，不出五年，都有希望成为本企业之一流主管。”

王永庆所主张的“从基层做起”，除了像轮班训练中，从生产线的最基层做起之外，还蕴藏下列两层意义：

1. 脚踏实地，按部就班

在“时间就是金钱”的现代社会里，一切讲求快速；放眼望去，吃的是“速食面”，读的是“速成班”，走的是“捷径”，渴望的是“瞬间发财”，以至于造成社会普遍短视、急功近利的虚浮现象。

老祖宗的宝贵经验告诉我们，牛肉要用小火慢慢地炖，再焖一晚，才会入味好吃；任何工匠，讲究的是慢工出细活；拜师学艺，至少要三四年才会有成。

王永庆表示，过去常听老一辈的话，说要学得一技之长必须当三四年

的学徒。开始工作时，师父非常严格，打骂兼而有之，吃饭以外，几乎没有工资。不能忍耐，吃不下苦就学不到功夫。

他说："学功夫似乎用不到三四年的时间，可是忍耐力的磨炼、精神情感的成熟和他的技艺不能说没有关系。那样熬炼出来，果然技艺圆熟老到，绝不毛躁马虎，真正是根基稳固，熟而为巧匠。"

王永庆指出，以前师父带学徒，都会一一教导基本的技艺知识。像盖房子用的砖块，在砌砖墙以前都要浸水，目的是要使砖块吸满水，才不会在砌好墙之后，吸取外层混凝土中的水分，导致混凝土松散，破坏墙的强度。还有，木材在使用以前，必须先风干，才不会在使用以后缩水，造成结构上的脆弱和危险。

他说："师父除了教导之外，还严格要求学徒确实履行。虽然学徒要好几年才能出师，可是做起事来一板一眼，绝不偷工减料、打折扣。现在进入工业社会了，大家都在讲'效率'，求速成，谁还愿意花几年时间学这些?结果就变成不但学艺不精，而且做事马虎。"

谈到"脚踏实地、按部就班"，使我想起一则意味深长的故事。有个小孩在草地上发现了一个蛹，他捡回家，要看蛹如何羽化成蝴蝶。

过了几天，蛹上出现了一道小裂缝，里面的蝴蝶挣扎了好几个小时，身体似乎被什么东西卡住了，一直出不来。

小孩于心不忍，心想："我必须助它一臂之力。"所以，他拿起剪刀把蛹剪开，帮助蝴蝶脱蛹而出。可是它的身躯臃肿，翅膀干瘪，根本飞不起来。

小孩以为几小时之后，蝴蝶的翅膀会自动舒展开来，可是他的希望落空了，一切依旧，那只蝴蝶注定要拖着臃肿的身子与干瘪的翅膀爬行一生，永远无法展翅飞翔。

大自然的规律是非常奥妙的，每一个生命的成长都充满了神奇与庄严，瓜熟坠地，水到渠成。蝴蝶一定得在蛹中痛苦地挣扎，一直到它的双翅强壮了，才会破蛹而出。小孩善意的一剪，反而害了它的一生。

王永庆说：“我看到很多年轻人刚刚到社会上，就想很快地冲，想很快得到很大的成就，结果大部分是失败的，成功的很少。谋求成就不可操之过急，要一步一步地打基础，没有人可以一下子发展起来的。”

房子要盖得好，看地基；球要打得好，看基本动作；拳脚功夫要学得好，看马步；要成功，必须从最基本处脚踏实地，一步一个脚印地做起。

2. 选定目标，咬住不放

美国一个研究“成功”的机构，曾经长期追踪100个年轻人，一直到他们年满65岁退休为止。结果发现：只有一个人很富有，其中五个人有经济保障，剩下94个人情况不太好，可算是失败者。

这94个人之所以晚年拮据，并非年轻时努力不够，而是因为在年轻时没有选定清楚的人生目标。

有一位老师在讲台上谆谆勉励学生做事要专心，将来才会有成就。

为了具体说明专心的重要，老师叫一名学生上台，双手各持一支粉笔，命其同时在黑板上，右手画方，左手画圆，结果学生画得一团糟。

老师说：“方或圆都画得不好，那是因为分心的缘故。追逐两只兔，不如专心追逐一只兔。一个人同时有两个目标的话，到头来将一事无成。”

这个小故事告诉我们，要成功，只能选一个目标。

再说“咬住不放”，咬住不放就是锲而不舍、坚持到底的意思。

有人问企业家丰群集团创办人张国安成功的秘诀，他答道：“选定一件事，就咬住不放。世界上成功的人，不是那些脑筋好的人，而是对一个目标咬住不放的人。”

我们再重复一次王永庆前面的一段话：“年轻人踏入企业界，只要你努力学，一年就可以得其要领，而三年有成。”

日本有句俗话说：“再冷的石头，坐上三年也会暖。”

这几句话都在勉励我们，至少要三年咬住一个目标不放，全力以赴，才会有成。

日前许多刚从学校毕业的年轻人，胸怀大志，充满自信，也勤奋努

力，但稍遇挫折就放弃了。爱迪生说过，全世界的失败，有75%只要继续下去，原都可以成功，成功最大的阻碍，就在放弃。

所以，不论就业或创业，在选定一个目标之后，万万不可操之过急，必须愈挫愈奋勇，咬住不放，才会成功。

“营”五

物美价廉之招

物美价廉最具竞争力。降低成本，是一条众人皆知的企业经营道理，但很多人用不好，也不在乎，而王永庆却能运用自如，将其发挥得淋漓尽致，成为他的发财之宝与看家本领。王永庆降低成本的本事，连世界级管理大师都为之惊叹，望尘莫及。正是坚持物美价廉这个信念，王永庆孜孜不倦地追求效率，千方百计地降低成本，终能积少成多，溪流成河，使自己的企业从一个小米行变为一个塑胶王国。“物美价廉”，这一最简单、最普通的生活哲理却成为了王永庆事业成功的法宝。

成本降低了，利润就高了

王永庆语录：降低成本即是增加利润。节省一元钱等于净赚一元钱。其理由是：多争取一元钱的生意，也许要受到外在环境的限制；但节省一元钱，却可以靠自己的努力而实现。

王永庆一直强调“价廉物美”，认为它是台塑竞争力的核心所在。不过，产品的价格要低，就必须使产品的生产成本降低，否则“价廉”就无从谈起，而降低成本进而降低价格，可以说正是王永庆的看家本领。

要降低成本，首先必须要做成本分析，可一般来说，分析出来的结果并不理想，最终产品的实际成本也都超出原来预计的成本，这样一来，成本分析也就成了空谈。

王永庆认为，导致这种后果的原因一般有三点：

一是成本分析以后，虽然也有将其交代下去执行，可实际上却被下属放在一边，使分析变成了纸上谈兵，失去了实际的意义，造成这种局面的原因在于管理没有跟上。

二是各企业的管理工作虽然上了轨道，也能根据所分析的数据去执行和控制成本，但因为成本分析的深度不够，而那些真正操作的人又不知道如何控制才能降低成本，以致不能在实际中发挥作用。

三是成本分析出来的数据过于宽松，而实际操作的单位根本不需要费多大的努力便可轻松达到，也能轻松将奖金拿到手，这可说是成本分析的深度不够所致。

曾有一家企业，其产品的成本比外国的同行高出五成。企业的股东们

对此非常担心，认为如果再不降低成本，企业就只有破产关门了。于是，主办人员提供了所有的成本资料，与各股东进行讨论，以期能拿出一个可行的降低成本的方案。经过一番研究，一个能够大幅度降低成本的方案果然形成了。

分析人员为了进行深度分析，到现场做了实地调查。在现场人员的协助下，分析人员针对工人的编制、机械的保养、原料的消耗、漏洞的防止等方面进行了详细的考察。可是，经过如此细致的工作之后，虽然成本降低了四成，可比起外国同行的成本还是要高一成，这是什么原因呢?

其实，原因还是在于其所做的成本分析不够深入，仅限于单位成本的分析而已。鉴于这个原因，王永庆提出了自己独特的单元成本分析。他指出："一般成本分析工作是做到单位成本，我认为这样仍然不够彻底。以财务费用为例，我们应该再把它详细分为原料的财务费用、制造的财务费用，以及成品、营业上的财务费用。如果只以财务费用为单位成本，那么，分析工作势必无法再深入，得出来的结论往往与实际有一段距离，成本分析就无法做到正确。"

王永庆强调，如果经营者想要有效地降低成本，就必须分析各个影响成本因素的根本问题，也就是说，要做到单元的成本分析，只有这样才能彻底地将问题一一找出来加以检讨改善，并建立一个切实的标准成本。

要建立单元成本，首先应将产品的成本归纳为两部分，即固定与可变。而成本的主要构成为直接或间接的原料、人工及其他制造费用等。这样划分的目的是为了分析各项成本单元变动的控制作用。构成一项产品的单元成本可能有数千种，而引起每个单元发生改变的因素又有很多，所以，由单元成本的控制开始，能够较容易地改善成本的结构。而只有建立合理的单元成本标准，才能有效地控制成本。

分析单元成本的意义，就在于能够从计算成本的过程中，找出人、事、物等方面可能存在的不合理处，并着力加以改变，寻找出合理的途

径。由于单元成本的专案极多，所以单元成本分析的范围也很广，主要包括技术与人员的管制，资材与营业管理的好坏，生产效率的高低，废料的多寡及品质的好坏等。

王永庆对降低成本，可谓一直用心良苦，甚至还被认为是一味追求利润，唯利是图。其实，他这样做是努力追求工作的合理化，以效率为重。王永庆为此解释道："讲求成本，要以维持高品质为前提。讲求成本，是要追求合理化。比如：如何提高生产效率，防止人为疏忽所造成的浪费，等等，以求成本的合理降低，不是以降低产品的质量为前提的。"

要控制成本，还必须创造切身的利益感，让实际参与工作的人与成本的控制之间有直接的利益联系，这样一来，工作效率就可能得到很大的提升。

王永庆从看似极小的事情着手，一点一滴地努力降低成本。他认为，企业的进步，是一点一滴积累起来的，企业竞争力的培养，也是一点一点积累起来的。如果你每千克的生产成本比别人少五角，当别人损益平衡时，你还有五角的利润可赚。这就是王永庆最基本的竞争哲学。

王永庆的弟弟王永在曾说："降低成本，就等于创造利润。"而王永庆也认为，企业经营犹如逆水行舟，不进则退。所以台塑企业不断追求合理化，在降低成本方面更是精益求精，怀着"存疑"的态度，不满现状，不断进行成本分析，寻求降低成本的最佳途径。发扬激流勇进的精神，努力改变现状，求得生存与发展，这是企业经营者应有的素质。

降低成本，用“三低”来完成

王永庆语录：企业为了保持一定的利润，就必须全面研讨降低成本的可能性，并且努力追求。此一工作可能就是企业营运当中最辛苦、最困难的工作。而实际上，这也是企业永无止境，继续不停追求改善，谋求合理化的原动力。

王永庆除了用单元成本分析来降低成本之外，还以建厂成本低、生产成本低、营销费用低等“三低”来降低成本。

1. 建厂成本低

为了降低建厂的成本，王永庆一向重视培养机械人才。台塑的机械事业部有700多位工程师，占了总公司员工人数的六分之一，每人平均有十年的实践经验，阵容非常强大。

一般认为，石化工业的中间原料厂所需机器精密，设备投资庞大，事实上并非如此。他们所需要的机器与设备，半数以上都是管路、气槽、干燥机等，不需要很精密的设备。所以，当1980年王永庆在美国德州休斯敦筹建全世界规模最大的PVC塑胶工厂时，从策划、设计、安装、施工到试车完全由台塑一手包办，所有硬件设备都由台塑机械事业部在台湾制造完成后，再运到美国安装。

经过两年多的努力，该厂已于1983年正式投产，它的整个建厂成本，大约只有美国人所需的62.5%、日本人所需的75%。由于该厂的建厂成本比一般标准节省了四成，因此为日后营建了有利的竞争条件。

再看看台塑的关系企业永嘉公司，该公司生产高密度的聚乙烯（HDPE）和聚丙烯（PP）。在1980年7月规划建厂时，该公司也秉持台塑

一贯的政策——除了软件和机器向海外订购之外，自己负责基本设计、细部设计和工厂建造。

结果当然也是大幅降低了建厂的成本，聚乙烯厂花了12亿元台币，聚丙烯厂花了16亿元台币，大约只花了海外公司建厂所需的七成资金。这也难怪1984年6月永嘉公司的聚乙烯一上市，立刻使其内销价格从新台币52元台币降到了合理的32元台币。永嘉的聚乙烯能卖得便宜，与其建厂成本的低廉有极其密切的关系。

王永庆自豪地说："我们台塑建厂时，有好多的设备都由台塑机械事业部自己制造，而且也建造得相当不错，甚至于我们拿出来跟人比较，都会感到很骄傲的。还有，台塑在美国建厂时，很多机器都是由台塑自己设计的，而且，由自己的机械工厂制造并负责安装，受到美国方面的好评，这点我认为是相当有成就的。"

1984年5月动工，1985年完工正式投产的南亚印刷电路板厂，也是秉承台塑"经济、速度、确实"的一贯原则，在短短一年零四个月内，仅仅花了八亿元，就把东南亚第一座全自动化的印刷电路板厂盖好了。

南亚投资兴建的印刷电路板厂，是在美国惠普科技公司的技术指导之下进行的，台塑自行设计软件，寻找适当的机器设备，使台塑除了节省建厂成本之外，在电子技术的转移方面，也获得了一次可贵的学习机会。

2. 生产成本低

王永庆为了降低生产成本，从节约能源与精简人员这两大方面去着手。

台塑如何节约能源呢?以工厂为例，他们一方面观察工厂室温，发现室温过高，以致影响了操作人员的工作情绪与效率，而其原因是蒸汽管路及干燥机的保温材质欠佳，热量散出所致。经过改善之后，不但有效杜绝了热能的浪费，工作环境也获得相当的改善。另一方面，原来全部排放掉的40℃～80℃的废气也加以回收，用加压法把温度提升到150℃，而予以充分利用。

1980年10月与1981年2月，台湾当局两度提高油电价格，对台塑的经营造成了极大的冲击。在第一次油电价格变动前，台塑关系企业每年的能源费用是新台币53.8亿元台币，经过两次调升之后，能源费用增加至71亿元台币，增加了17亿元台币，从而给企业造成了沉重的负担。

于是，王永庆下令采取下列三种方式，全面推动“节约能源运动”。

第一，成立能源改善专案小组，负责各单位本身有关能源改善的事项，不断自行检讨，以求改善的持续进行。

第二，集合各事业部能源改善专员，赴各厂实地了解能源改善的执行情况，一方面学习他厂的长处，一方面提出建议以促进各厂的改善。

第三，举办征文、标语及海报比赛，使节约能源的观念深植于每一位从业人员的脑海中，以促进全员对节约能源的重视。

就拿电灯来说，台塑一共有十万盏双管日光灯，加装反射罩之后，两支灯管减成一支，它的照明度反而从以前的250勒克斯（勒克斯为测亮度的单位，又称米烛光）增加为256勒克斯；虽然投资了600万元台币的费用，但一年下来节省了7000万元台币的电费。同时，在一夕之间多出了十万支备用日光灯。

经过台塑全员的努力，该年能源改善效益高达12.68亿元台币，抵消了因油电涨价所增加的大部分能源成本。

接下来是精简人员。对于精简人员，王永庆曾公开说：“为了提高工作效率，应对不景气的冲击，台塑企业预计使同一生产单位的人数，减少原来的1/3，甚至1/2。”

为了使人力资源能够充分利用，台塑制定了标准工作量。以一天上班八小时，实际工作时间八成来计算，每天工作6.4小时，那么，每人每月便应该有160小时的工作时间。

以台塑的修复人员为例，由于修复人员所做的工作均须填修复单，详细记载修复设备、部位、工时，所以评估人员将一个月修复单上的工时相加，若超过160小时，便有绩效奖金，若不到160小时，就得检讨。

评估人员把台塑2300多位修复人员每月的实际工时相加，结果低于标准。这是因为修复人员工作不力呢，还是因为修复工作原本就不需要那么多人呢?最后台塑决定，一方面要求修复人员每人达到标准工时；另一方面大量裁员，大约要裁掉四成，也就是920人。

以台塑关系企业台化为例，1985年年初，员工总共有8900人，到了当年12月底只剩下7500人。换言之，在一年之中，精简了1400人，约达一成六。

台塑关系企业总经理王永在说：“在各项节约成本的措施中，以‘精简人员’最重要。适当地精简，不但可以节省不必要的支出，同时还可以提高员工的工作士气与工作效率，一举两得。”

3. 营销费用低

台塑节省营销费用是很有名的。若干年前，台塑有四位主管因公请三位客人吃饭，一顿西餐吃下来，一共花了两万元。这件事被王永庆知道之后，不但把四位主管叫来狠狠训斥一番，还处罚了他们。

王永庆对部属如此，那么对自己又如何呢?他的应酬地点多半在台塑大楼后栋第13层的自家台北招待所内。台北招待所内备有厨师、服务员，在这里宴客，除了具备卫生、可口等优点之外，最主要就是节省。

台北招待所的菜色相当精致可口，而且，还有一项特色就是，菜的分量不多也不少，恰到好处。一般餐厅出菜铺张，分量过多，以至于吃一小部分、倒掉一大部分，这种情形在台北招待所里，绝不可能发生。此外，王永庆经常采用“中菜西吃”的方式，让大家围坐在圆桌前，将每人的盘子端出，由侍者分菜，一人一份，吃完再加，既卫生又不浪费。

为了节省营销成本，并配合管理上的需要，台塑在台北、林口、宜兰、彰化、高雄，还有美国德州，均设有员工招待所。所谓“招待所”，是指拥有十几间或二三十间数量不等的客房的小型旅馆式建筑，通常盖在厂区内，内部装潢虽不豪华，但整洁雅致，住起来舒适方便。

台塑企业内的各级主管，配合管理上的需要，到各厂区出差的频率非

常高，招待所就是应主管们出差投宿的需要而设立。这么一来，既可省下住宿费与交通费，又可省下往返厂区与旅馆之间的时间，可以说是一举三得。

还有，一般大企业都配给高级主管人员轿车以代步，台塑基于节约的理由，不但处长级没配轿车，连经理级也没有。

从一点一滴节约成本

王永庆语录：要谋求成本的有效降低，无论如何必须分析到各个影响成本因素的最根本处。

降低成本，是众人皆知的企业经营之道，很多人用不好，也不在乎，但这就成为了王永庆的发财之宝与看家本领。王永庆说：做生意要坚持一个最简单的原理——“价廉物美”。人们都在寻求王永庆成功的秘诀，希望从中得到启迪。事实上，王永庆经营企业获得巨大成功，似乎并没有什么特别的方法，只是在一些为人皆知的经营常识中，别人做不到的，他做到了；别人不经心做的，他认真去做了，久而久之，他就有了自己的经营理念与哲学，便在众多的同行中脱颖而出，成为了一位成功的经营大师与管理大师。

王永庆当初设立PVC粉工厂时，设计能力为日产四万吨，其设备投资额达4000万元。经过一年多时间的生产运转，他发现，若能增加一定的设备，即可大幅提高产量，于是再追加投资1000万元，增加设备及改善生产条件，产量一下子提高了五倍。这一可喜的成果给了王永庆很大的启发，即以尽量少的投资，达到最大的经济效益。所以台塑凡在拟定新计划或扩充设备时，除了追求工程品质外，更要严格做到控制投资成

本的标准。一个重要手段就是自行设计，控制成本。台塑旗下的南亚公司在设立多元脂棉丝厂时，最初计划是日产六吨，由德国一家公司供应设备，其成本颇高。王永庆认为这样做很不划算，便决定让南亚公司工务部门与生产厂家共同研究制程，自行设计扩建工程，以压低成本，提高效率。南亚公司的工厂建成后，其多元脂棉丝产量迅速增加，竞争力增强，在世界市场上占据了一席之地，已跃居世界第三大多元脂棉生产厂家。南亚公司后来在美国设立多元脂棉丝厂时，也采用同样的方法，大大节约了成本，提高了效率。其年产能虽达20万吨，但员工不超过500人，仅是同等规模企业员工人数的1/3，仅此一项人事费用，一年便可节约5000万美元，大大提高了企业的竞争力，也让傲慢的美国人再次信服了王永庆的经营能力。

在严格的单元成本分析思想指导下，王永庆做每一件事情都能做到精打细算，节约成本，取得良好的经济效益。在企业经营或生产活动中，自己能做的，尽量自己动手来做，这比请他人来做能大大降低成本。

20世纪80年代初，王永庆在美国兴建石化原料厂，计划将部分PVC原料运回台湾。当时，国际上一些商船公司为争取台塑公司这一大客户，便自愿降低运费，纷纷打折，希望承揽这一巨额业务。王永庆委任专家分析后，认为打折后的船务公司运费还是偏高，于是决定自组化学船队，这在台湾历史上还是第一次，其面临的困难与挑战是可想而知的。自组化学船队要有人懂得海运知识，熟悉相关技术与业务，而当时台塑公司尚无一个这方面的专家。王永庆当机立断，指派台塑海运的负责人苏忠正到海洋学院去学习。苏忠正仅用了几个月的时间就学完了一般必修四年的航运管理方面的课程。随后，王永庆以3500万美元的价格从日本订购了两艘化学船，同时，王永庆从台塑企业中抽调二十多位海洋学院的毕业生，充实船队的力量。王永庆再次依靠自己的力量，取得了巨大成功，1981年4月，

“台塑一号”与“台塑二号”化学船正式起航，直接从美国与加拿大运回了PVC的中间原料——二氯乙烷。事后，台塑海运负责人苏忠正讲，台塑化学船开航之后，原来每吨100美元的运费，很快跌到40美元左右。如果一年以运输20万吨计算，等于节省了1200万美元，相当于一艘化学船费用的2/3。五年下来，台塑这支化学船队累积运输量达16600多万吨，如果委托商船公司运输，运费会高达1.2亿美元，利用自己的船队运输仅花了6500万美元，仅此就节省了5000多万美元，收到了显著的经济效益。随着经营业务的扩张，这一化学船队仍不能满足运输需要，王永庆决定再订购一艘化学船。这时，接任台湾“中船公司”董事长不久的韦永宁，便试图争取台塑公司化学船的制造业务。因为这不仅可以大大改善“中船公司”营利不佳的局面，而且能够积累承造化学船的经验，为扩大日后这方面的业务打下基础。然而，消息灵敏的外国船商也不甘落后，纷纷参与竞标，希望取得承揽这项业务的权利。于是，韦永宁率领的“中船公司”与日本、韩国等其他九家外国知名造船公司展开了激烈的竞争，希望得到台塑化学船的订单。在十家公司的竞标中，“中船公司”竞标价格并非为最低者，但韦永宁自认为与王永庆有交情，志在必得。然而王永庆却似“铁面无私”，在议价时，不断压低价格，韦永宁尽管一再忍痛降价，却仍达到不王永庆所订的目标，王永庆仍要他再降低50万美元。韦永宁听后百感交集，认为“中船公司”经过几个月的奔波努力，价格已降到几乎赔本的地步，王永庆还在杀价，便生气地对王永庆讲：“王董事长，我们还是好朋友，若再杀价，这笔生意我就不做了！”王永庆认为自己的目标已达到，也为韦永宁的诚意所感动，于是将这笔大生意交由“中船公司”承做。“中船公司”得到这笔业务后，全力投入，经过一番努力，1984年2月28日，其制造的“台塑三号”化学船正式下水启用，加入台塑化学船队。台塑集团化学船队组建后，

不但给集团公司节省了大笔运输费用，也不必再为PVC生产原料担心，对降低企业生产成本发挥了重要作用。

不久，国际二氯乙烯（EDC）价格一路下跌，最低时一磅还不到六美分，一些厂商还在期待继续下降。王永庆则认为一些生产二氯乙烯的企业因价格下跌可能停工或转让，不久价格将会上扬，便大肆在国际市场上收购二氯乙烯原料。正如王永庆所料，三个月后，国际上二氯乙烯价格又一路上涨，最高时一磅计13美分，上升了一倍多，连精明的日本商人也没预计到。而这时，王永庆的化学船队正将一批批廉价的二氯乙烯运回台湾，既保证了企业的原料供应，也因此降低了生产成本，提高了产品竞争力。不仅如此，建立了自己的船队后，王永庆就把单元成本理论运用到船队运输上来，集团总管理处派成本分析专案小组来到船上，随船记录各项单元成本，按月或按航次记录，然后决定以各项单元成本最低者或以平均值为标准成本。标准成本设定后，每月必须编订标准成本与实际成本的比较表，如果某一单元成本超出，与这项单元成本有关的主管必须提出检讨。如果超出标准单元成本的理由是非主管可以控制的，例如油价的提高，主管就可过关，不影响将来的考核。否则，将记上一笔不良纪录，影响考评，主管与这件事有关的人员还必须一起马上找出原因进行纠正。

当然不是事事都是自己可以来做的，一些设备的采购、工程的兴建等可能需要专业公司来做，但王永庆同样要坚持最低的支出，以获取同样的效果。一个重要办法就是在招标时做到杜绝说情，尽量降低成本。在选择供应上，大处着眼，小处着手，不放过任何可能降低成本的地方。

台塑企业是石化工业，在生产中需要使用大量的蒸气。1973年时，生产一吨纤维，需用100单位的蒸气。经过不断改善技术，到1978年，生产一吨纤维只需85个单位的蒸气，到1981年只用40个单位的蒸气，只有原来

的五分之二。

台塑集团像其他许多单位一样，在办公事务中都使用公文夹，这是一件很平常的事。王永庆发现台塑企业生产的公文夹的成本是一个一元二角，而台塑美国公司所用的公文夹，每个不到五毛钱，怎么会差这么多?台塑集团一年使用大量的公文夹，这样一年多支出多少?一年、五年、十年，要多支出多少?这还了得，他陷入了沉思。不久，他下令南亚公司研发中心就这一问题进行研究，务必将公文夹成本降到与美国同样的水平，甚至更低。为此研发中心以近两年的时间研究，终于将公文夹的成本降至一个五毛钱的水准，赶上了美国，为整个集团每年降低了许多支出。王永庆就是这样从一点一滴做起，力争最大努力地节约成本，不多花一分钱，以达到降低成本的理想目标，实现企业的合理化经营。

把握市场规律，适时出新

> 王永庆语录：当同行推出什么新产品时，我们就要在同一时间推出更新的产品，否则就会成为失败者。

王永庆认为，不论做任何事情，若能抢占先机，先发制人，就会多一分胜算。而作为企业的负责人，也必须时刻把触角伸出表面，吸收时代的感觉。

王永庆还指出，作为企业经营的一个重要方面，新产品的研发必须能够做到快速反应，时时想着走在同行的前面。譬如针对同样一项研究工作，有的研究员两三天就能完成，而有的则需要一个月，更有甚者，虽然花了很长时间，却压根儿没有成效。这种差异将严重地影响到公司的发展

速度，因为竞争是残酷的，而时间即意味着金钱。

王永庆认为，不论在任何时候，企业都处在激烈竞争的漩涡中，为了不至于落后他人，经营者必须将对方的想法与动向摸得一清二楚。所谓“知己知彼，百战不殆”，只有做到这一点，才能“料事如神”，做到有所防备。

如果企业非要等到对方已经采取措施之后才去研究对策，注定是要落伍的。经营者要事事抢先一步，制敌于先机。因为企业竞争好比决斗，真刀实枪地你来我往，只许赢不许输，胜者为王。作为经营者，为了生存与发展，就必须知难而上，直面竞争。

当然，竞争也要注重遵循游戏规则，绝不能不择手段地乱来。在与对手斗智斗勇的过程中，要时时提醒自己，从长计议，必须将竞争建立在合法的基础上，切不可以下三滥的手法来赢取胜利。

王永庆认为，在今天的台湾商界，竞争已经达到白热化阶段，生意很不好做，企业面临的困难与危机越来越多，处境也越来越艰难。一种新产品刚刚上市，另一种更新的产品紧跟着就问世了，产品进步神速，常让人有喘不过气来的感觉。可是由于新产品功能更好，而价格更低，所以生产者无可选择，只有以最快的速度投入到新产品的生产中去。这种频繁的设备更新与巨大的研发资金投入，都让企业的发展变得异常不易。从产品推销的角度看，也非常不易。新产品上市频繁，消费者并不了解产品的功能，所以推销的任务不光是推广产品，还要将产品的创意及功能也一起加以推广。经过一番艰苦的努力，当消费者刚刚开始接受新产品的时候，又有更新的产品出来争夺市场。无论在哪一个行业里，进步越快，竞争的程度也就越激烈，所以，今天经营一家公司是很不容易的。

在优胜劣汰的市场经济体系里，今天的胜利者，很可能成为明天的失败者，经营者必须时刻保持危机意识，对那些可能出现的不利因素，要有

前瞻性的认识，并制定出应对策略，做到未雨绸缪。

市场经济有着自己内在的规律性，不是外界的人为力量所能左右的，一旦原先的优势丧失了，就必将被市场无情地抛弃。王永庆认为，以市场规律办事，把握经济脉搏，是每一个企业经营者必须做到的事情。

竞争的原则要坚持

> 王永庆语录：只是一味地要求台塑繁荣的想法是千万不可的。我们要祈愿商界的发展，促进社会的繁荣。这样，我们的存在才有意义。这就是台塑的经营理念和经营基础。

台塑一步步发展成为一个超大型的跨国企业集团，积极参与到跟日本、美国及欧洲等世界强手的竞争中。正是在与这些国际强手竞争的锻炼中，王永庆步步胜出，令竞争对手望尘莫及。

可以说，王永庆正是在长期的实战中，确立了自己的竞争“信条”，即把握原则，正当竞争。王永庆认为，如果竞争失去了原则的话，不仅无法保证自己的利益，还会失去对方的尊重，企业的前途更会受到影响。

在激烈的市场竞争中，价格往往成为竞争的焦点。很多企业一味打价格战，却忽视了从服务上进行自我改善。那些在价格上大做文章的企业，不是采取低价销售的策略，就是低价甩卖，有时，就连批发商和经销商也会对制造商提出降价要求。可是，价格的制定并不是随意的，必须考虑到成本，那些建立在合理成本与利润基础上的价格，是不存在讨价还价的余地的。企业只有在降低成本、保证合理利润的基础上，才可能答应降价的要求。

对于业界常常会有的价格战，王永庆又是怎样看待的呢?他认为有两点：

一是只有物价低，才能刺激消费，从而反作用于生产，进一步降低价格。

二是价格是一个综合指数，包括成本、服务及利润等因素，合理的定价是不应该随便变动的。

基于以上的认识，王永庆认为企业经营者应当一方面努力降低成本，以尽量低廉的价格出售产品，另一方面也不能随意减价。也就是说，王永庆的降价策略绝不是一时的权宜之计，而是着眼于长期的战略眼光。

不过，有时候经营者面对同行的价格竞争，必须被动地作出选择。是坚持原则，拒不降价，还是迅速跟进呢?这对经营者而言是一个艰难的选择。面对这种情况，王永庆又是如何坚持自己的价格原则的呢?

第一是纠正错误的行情。对那些刚刚生产出来的新产品，王永庆要求其定价要比市场上销售的货品高一些。他一直认为，有些商人在新产品刚一上市就开始减价的做法是不可取的，而且他以商人的立场来剖析产品的价格成分，将定价合理化，并请求销售商的协助，以求共存共荣。王永庆的做法，一般都能得到销售商们的理解与支持，况且销售商们在自己利润空间也较为合理的情况下，更愿意卖力地推销产品。

第二是击败杀价高手。在许多行业的竞争中，价格往往成为一个“杀手锏”，能够起到最明显、最直接的作用。但是，作为竞争的手段之一，价格又是一个最有争议的因素。就像在国际贸易中每天都存在的针对某国货品的“反倾销诉讼”一样，其最主要的争议也是关于价格的问题。在王永庆的创业历史上，可谓无数次与“杀价高手”竞争，此时别无选择，只有迎难而上并击败之。曾有一位杀价高手非常厉害，在整个业界利润薄、生意不好做的艰难境地，他拼命杀价。当时，王永庆快要招架不住了，可

他想到如果自己一旦输了，那些多年跟随自己辛勤工作的员工们赖以养家糊口的饭碗也就没了。于是他找到对方，坦言道：“大家都是这样挥汗劳作的，好不容易才生产出这样的货品，价格也合理。如果你再杀价，那生意就没法做了。”其实对方也深知，那样的价格是很不合理的，也根本就支撑不了多久，经过了一番权衡之后，终于改变了此前的做法。

不过，王永庆对杀价并不是一味否定的，因为有时候虽然定价可能非常合理，却与买方的购买能力不符，所以此时的杀价就必须再行商榷了。一次，某经销商要求以低于现价20%的价格进货，王永庆并没有立即拒绝他的要求，而是做了一番调查，得知对方是以世界标准与购买力来要求降价的。于是他请求对方先以原先的价格进行销售，给自己一个改良产品的时间，届时一定以对方要求的价格交易。这样一来，对方也暂时接受了不降价的请求，但要求作为生产方面也必须加紧产品改良。王永庆曾说过：“不要把降价要求当作荒唐的无稽之谈，不妨检讨一下看看。如果对方拿世界标准的价格来杀价，那么就不能认为这是无理取闹，而必须从所有的角度来研究其可行性。”

其实在商业竞争中，可选择的促销方法有很多，譬如降价打折、配送赠品、有奖销售等，有些商家甚至还奖励消费者去各处观光，可谓是花样百出，不一而足。无论是生产者还是销售者，都莫不为产品的销售而殚精竭虑。

许多促销方式的作用都非常有限，虽然可能诱惑一些没有经验的消费者，但不能持久地吸引顾客。王永庆认为，在所有的促销方式中，服务是最重要的。他说：“亲切的笑容才是最重要的。虽然招待顾客观光的方法不错，但只要以一颗随时感谢的心，用笑容接待那些经常光临的顾客，那么即使没有招待旅游的活动，顾客也会感到很满意的。相反，如果缺少笑容，即使招待顾客观光，也无法与顾客维持良好的长期关系。”

此外，广告也是一个竞争的重要因素，因为现在已经不再是“酒香不怕巷子深”的年代了。那些实力雄厚的企业，在产品还未上市之时，就开始大力造势，以取得销售的主动权。没有人敢忽视广告的威力，广告不但可以让消费者认识产品，还可以树立企业的形象。对于广告的作用，王永庆也有着深入的认识，他相信人们所说的“现在是一个很容易成功的时代”，因为一旦有了新产品，通过广告，可以在一夜之间让它家喻户晓。这对经营者来说，无疑是一种福音。所以王永庆一直强调，应当充分利用资讯时代的种种便利，来迅速做成那些以前需要花很长时间才能完成的事情。

王永庆认为，广告宣传的目的，首先是让大众认识产品。这样做不仅是为了销售，也是经营者对社会大众所承担的义务。他说：“做广告宣传，并不是为了推销才做的，而是要让更多的人认识。”当然，这里的认识，不光是认识产品，还包括认识企业，因为现代企业形象的树立，正是通过大众传媒来实现的。

有些经营者可能会认为，批发商与经销商作为营销者，其广告应当由他们来承担。王永庆却认为这样的想法是错误的，因为经销商固然可能做广告，但除了那些专营店以外，其总不可能为自己所售的每一种产品做广告吧！所以，制造商必须承担为自己产品做广告的任务，这样还可以为经销商树立信心，使其更为积极地推销产品，以增加自己的营业额与利润。

传播媒介的巨大威力，在使一些优质品牌家喻户晓的同时，也让一些质量并不怎么样的产品得以逞一时之能。王永庆认为，产品的销量绝不能光靠广告，如果没有过硬的品质作为后盾，那么用过一次的人就不会再买了。王永庆主张，自己的广告应当是“清纯的宣传广告”，他甚至极端地号召要制造完全的良品。

每一个经营者都明白，顾客是自己生存的上帝、衣食父母，只有千方

百计地吸引顾客，才能谈得上发展。王永庆吸引顾客的策略有两点：

一是不以贱卖来吸引顾客，而是努力以高品质的服务来增加竞争力，以期获得合理的利润。

二是从正常的利润中拿出一部分来用作投资事业。他认为，经营者要时常站在顾客的角度，以顾客的眼光来看待自己的商品与服务。如果你的商品与服务在顾客的眼中是出色的，你的生意就会好做很多。所以，深切地了解顾客的需求，是竞争成功的关键所在。

王永庆认为，无论市场的竞争态势如何，都必须采用正当的竞争手段，因为正当的竞争是促进事业成功和个人成长的绝对必要的因素。在台塑企业所遵奉的精神信条中，有一项就是“力争上游”，要以力争上游的精神去努力工作。商场如战场，如果你没有奋战到底的旺盛斗志，最终往往会败下阵来。但是，经营者必须采取正当的竞争方法，而不能陷害或中伤竞争者。

事实上，无论采取何种竞争手段，人们都应认识到，良好的竞争心理和正当的竞争精神是必要的。经营者不能为了竞争而竞争，而是通过竞争来维持商界和社会的共同繁荣，这才是竞争的真正目的。

“营”六

止于至善之慧

如果要用一个词来概括王永庆的一生，“止于至善”最为合适不过。正是对于内心完美的不懈追求，才成就了足以让台湾乃至中国为之骄傲的台塑基业，才成就了影响台湾企业家至今并将持续影响下去的“经营之神”，更是留下了充满智慧光芒的管理和经营理念，这些理念仍旧在为我们提供着源源不断的精神营养。

生命的乐趣在于创造财富

王永庆语录：我追求成功从来不是为了获得金钱和荣誉。我追求的是成功所需要的才能和激情。

挑战不单是为了财富，创业最需要的不是财富而是挑战精神。成功的创业者是那些能把财富看成是实现梦想的附属品的人。如果创业之初就只关心财富，把财富看成衡量成功的标准，创业就很可能会失败。

王永庆曾说：“假如有一天钱赚够了，你就会觉得钱实在没什么用。我追求成功从来不是为了获得金钱和荣誉。我追求的是成功所需要的才能和激情。”

一般人在赚到钱之后，就把钱花在洋房、好车、服饰等物质享受上，而忽略了精神，渐渐地就倦怠了，到头来还是得不到满足和快乐，徒余空虚。

王永庆认为，一个人幸福不幸福，心才是最要紧的，钱只是附带的。钱太多了，还不一定是好事，如果没有好好利用它，反而是一种负担。因此，他在创业成功之后，就打定主意回报社会。他认为，只有秉承“取之于民、用之于民”的理念，才会有收获。台塑集团已经完成了很多捐赠计划，金额高达30亿元。其中有一个计划是在中国设立一万所小学，目前已经在中国31个省、自治区和直辖市成立了几百所学校。同时，他还决定捐赠14000多套“电子耳”，帮助中国聋哑儿童开口说话，光这一项捐赠就高达15亿元。

在王永庆看来，创造财富已经不是满足口腹之欲，也不再是为了证明

自己个人的人生价值，而成为了一种生活方式、一种生命的乐趣。他知道钱财都是身外之物，任何财富最终都将回归社会。他认为，对于白手起家的创业者来说，赚第一个十万最难，因为那是从零开始的积累，到了后期就要容易得多，而这时就应该要有回报社会的想法。创业要想获得财富，其实并不难，但是要想成为“不朽”，让企业基业长青，就需要下更大的工夫了。

做到止于至善

王永庆语录：我经常鼓励我的同事，在管理工作上一定要实事求是，凡事追根究底，点点滴滴谋求合理化，做到止于至善。事实上，台塑集团几十年来就是以勤劳朴实的精神在力求实践，从无中断。我可以十分明确地指出，台塑集团今天能够在经营上有若干的成就，主要的力量完全是来自于此。

王永庆去世后，他的女儿王雪红写了一篇《止于至善》的文章来怀念父亲。王雪红认为，她父亲的一生是对“止于至善”的完美诠释。以下是王雪红的文章内容：

2008年10月15日，父亲去世了。就如同一座大山在顷刻间崩塌，连脚下的土壤都开始浮动起来。我像是突然间被推入一个冰冷而陌生的世界，再也寻不到父亲的世界。除了难以言传的悲痛，更有无法填补的空缺。

自然，父亲不只属于我，不只属于他的家人。作为一个传承历史并创造历史的人，他属于华人社会和整个世界。人们尊他为“产业之父”，敬他为“经营之神”。从台湾到祖国大陆，从华人社会到国际工商业，父亲白手起家而志怀高远，历尽艰辛而成就大业，勤勉睿智而止于至善，成为当代华人商业传奇的经典。而他对于我，则是永远的父亲和老师，永远的榜样和偶像。

作为父亲，他首先赋予我生命，这是我此生一切的缘由和根本。所以，仅仅为这出生于世的机会、存在于世的权利，我也永远感念父亲。而且，父亲不仅带给我生命，更呵护和关爱这个生命的成长。供养子女，让子女衣食无忧，让子女接受良好的教育，保有健康的身心，无论在传统的男权社会还是在当今时代，都是一项沉甸甸的责任和负担。父亲在这方面的承担和投入，用世间最高的标准审视，也是一个典范。他真正做到了于己于家问心无愧，旁人后人无可挑剔。

而这一切，其实并非从天而降，对我虽是与生俱来，在父亲则需要辛苦劳作。父亲的养育之恩，我当永远铭记在心。

不过，最让我感到幸运并受用终生的，是父亲的教诲。是父亲教我要正直、善良，诚信、承担，包容、感恩；是父亲教我要有独立的人格、自强的精神，一生都要勤勉努力，一切要靠自己打拼；是父亲教我要戒绝骄奢，戒绝浮躁，追根究底，潜心经营，敢为人先，止于至善。无论为人，还是处世，无论学习，还是事业，父亲都是我最亲近和最严厉的老师。

十几岁时，我在父亲的安排下离开台湾，前往美国求学。那时候的日子是艰苦的，父亲给我的钱只有精打细算才能用到月末。而且，父亲也不允许我总打电话，因为当时长途电话费很贵。但是那时候是我和父亲交流最多的时候。每隔一段时间，我都会收到父亲的长信。信中父亲会教我如何管理公司、如何追根究底、如何追求合理化。每次我读信的时候，脑海中呈现的，就是父亲那著名的“午餐汇报会”——在台塑，父亲每天都会邀请一名主管共进午餐，就该主管的管理细节追根究底。深究的程度让所有参加午餐汇报会的主管惴惴不安，即使事先做了最充分的准备。可以想见，如果不对所负责的工作达到痴迷的程度，是很难应对父亲的午餐汇报会的。

1982年，我学成归来，加入了二姐创办的大众电脑公司。不过刚到公司不久，我就遭遇了人生的第一次挫折。但是事隔多年之后，那次交易被骗的经历在很多人眼中更像是一个传奇的序曲：我不顾姐姐和姐夫的阻

挠，孤身前往巴塞罗那追债，同时还借此机会用了不到半年时间对欧洲的IT市场有了一个全面的了解。后来，我离开大众电脑，加入了台塑公司。虽然这一次仍旧没有持续多长时间，但深受父亲影响的我始终认为：只有像父亲那样打拼出一份属于自己的事业，才能真正实现自己的价值。

1988年，我30岁。这一年，我把母亲送给我的一套房子做抵押，借了500万元台币开始了自己的创业生涯。尽管父亲没有给予资金上的任何帮助，但是父亲在商界内的深厚影响却给我带来了巨大的无形资产。当时，我去找人，别人会想，她是王永庆的女儿，做事应该不会差吧。尽管我自己已在一个全新的IT产业链打拼，但在我心中，父亲仍像是要对我追根究底的老板一样。每一次跟父亲汇报，我都像是父亲手下的业务主管，虽精心准备，但犹诚惶诚恐。在我的印象中，父亲几乎从未给过我称赞，给我的，多是批评、质疑和建议。我心里一直奢望，父亲有朝一日能比较满意女儿的表现，夸我是个还不坏的学生。而这种奢望，正是我追随父亲的精神、效法父亲而一往无前、止于至善的动力。记得我刚刚当选台湾第一女富豪的时候，父亲的朋友问他是什么感觉，父亲摇了摇头，缓缓地说道：“她还差得远呢。”在几年之后，当我又获选亚洲之星的时候，父亲的朋友再次询问他的感觉，他虽然没有笑，但目光中有一丝遮挡不住的得意。

父亲的“教”，是言传身教，是言行合一，是行胜于言。父亲是一个不折不扣的行动者，坐而论道从来不是父亲的风格。从少年开始，父亲就每周工作七天，每日工作十个小时以上。他每天凌晨两点起来打坐、静思、跑步，然后开始每天的日常工作，数十年如一日。正是这种勤奋，使父亲每每在进入一个新领域后，能快速形成深入的认知和独到的见解；正是这种勤奋，使父亲在台塑成为巨无霸后，仍能对企业的经营细节了如指掌，谋划持续改进之道。父亲的勤奋已经成为一个特殊的基因，渗透到企业乃至家庭的每一位成员。如果不是因为父亲的榜样作用，我肯定做不到坚持早上四点多就起来长跑，一周四次，风雨无阻；如果不是因为父亲的榜样，我在工作强度要远远超出传统产业的IT领域，不会有如此的坚持和

发展。以父为师，或许最重要的，是品味、理解父亲的奋斗历程，汲取其教益，传承其精神。父亲的生活点滴和创业实践，父亲给予我们的家庭环境和自己的成长阅历，已经是我一生都挖不完的宝藏，一生都学不尽的课堂。

小时候总是不理解父亲为什么陪伴我们的时间那么少，长大后慢慢明白了，他把更多的精力都放在管理公司、回报社会上面了。小时候在台湾，父亲每个月都会带我去长庚医院（王永庆投资兴办，目前是台湾最大的私立医院）。在那儿，父亲会告诉我说，所有的钱都不是自己的，而是社会交给自己保管的，最终还得回报给社会。而父亲的一生确实也是这么度过的。主说："流泪播种的，会欢呼收割。"父亲去世，长庚医院救治的很多病人、明志学校的好多学生都前来吊唁，父亲在天之灵看到这些，也应该欣慰了。而对自己，父亲总是很节俭。一日三餐非常简单，甚至他办公室里椅子上的皮都破了，他也不换。父亲90多岁的时候，还是闲不下来，每天坚持工作很长时间。勤劳和简朴说起来不难，难的是把这些当做习惯，坚持一辈子。在父亲的影响下，这些都成为父亲公司特质的一部分。到现在，我也慢慢明白了父亲的做法：人其实需要的不多，如果物质的欲望太多了，能用来认真做事的心力就少了。

在我看来，父亲是一个超人，也是一个凡人。父亲离开了我们，却依稀在我们面前。他是榜样，是最可学习与效法的榜样；他是偶像，是最亲近与最不神秘的偶像；他是神话，是最真实与最质朴的神话。父亲的一生，是对"止于至善"的完美诠释。

君子爱财，取之有道

王永庆语录：获利是经营者的天职，如果经营者不能赚钱，

> 不能让财富在自己手里升值，那就是失败的。因为经营者利用社会大众的资金来营运，不赢利也就谈不上回馈大众；同时，经营者会将自己正当利润的一部分作为税金上缴，也是在为整个社会做贡献。

坐在办公桌旁签签字，盖盖章，这种工作态度是不会对工作产生责任感的。必须使自己更进一步地、深切地感觉到工作的意义，自动自发地对工作表现出热诚，这样才可达到得到他人的信赖和信赖他人的境界。所以，经营者有无工作的责任感和工作的热忱，是决定事业成败的关键。

由于现在商业法律不够完善，所以人们更讲究“信用”两字。诚实守信，是一个人较高的道德标准，而一旦这种声誉建立起来的话，也会给当事者带来很大的方便。

王永庆很早就意识到了信用的重要性，在他眼里，信用不仅是商业经营的筹码，更是一个人内在的道德素养。在王永庆的从商道路上，他始终严格约束自己，恪守承诺。

1978年，台塑集团正处在高速发展时期，急需资金来扩展事业，于是王永庆向台湾地区的银行申请1500万美元的贷款，可由于官僚机构从中作梗，贷款计划未被获准。在向本地银行申请未果之下，王永庆转而向海外银行求援。在经过一番调查与评估之后，英国的建利百联银行、美国运通银行及美国信孚银行决定联合向台塑放贷1500万美元，而且创下了外国银行贷款给台湾企业的最低利率的纪录。而最让世人惊奇的是，这笔巨款的担保竟只有王永庆的个人信用，而没有要求其他台湾银行作为担保。

王永庆的名字，就意味着信用，一个经营者能够建立如此之高的信誉度，做起事来可谓是游刃有余。可是建立信用的过程，需要长期一贯的努力，有时为了恪守信用，还不得不吃点眼前亏。不过王永庆认为，如果吃亏就能取信于人，取信于社会，则不仅不会良心上不安，还会获得别人的信赖。

对经营者来说，仅有个人的信誉是远远不够的，还必须保证自己产品

的信誉。对制造行业来讲，产品的质量关系着企业的信誉。王永庆最不能容忍的就是产品质量低劣，以次充好。

一次，日本某机械厂的社长与其助手来台湾地区考察，并举行酒会宴请相关业者，王永庆也在受邀之列。在交谈中，日方的一位技术人员直率地对王永庆说：“为什么台塑生产的尼龙丝不注重质量呢?别说和我们日本货相比，就连韩国货也不如呀！”王永庆听了，吃了一惊，因为这个情况他还是第一次听说。

这名技术人员还提出了进一步的品质管理的问题，他认为台塑的产品质量不够好，并不是因为生产设备不够先进，而是因为制造过程中的一些细节影响了产品的质量。对于这样的评价，王永庆十分诧异，但他没有为自己的产品辩解，而是十分感谢对方的提醒。在他看来，尼龙丝投资巨大，如果真如这位技术人员所言，那台塑将来的损失可能不光在尼龙丝一项上，而是会严重影响到整个企业的声誉。于是，他回去后马上着手整改。

王永庆认为，获利是经营者的天职，如果经营者不能赚钱，不能让财富在自己手里升值，那就是失败的。因为经营者利用社会大众的资金来营运，不赢利也就谈不上回馈大众；同时，经营者会将自己正当利润的一部分作为税金上缴，也是在为整个社会作贡献。

可是，正所谓“君子爱财，取之有道”，商人的责任感和道德感，是其立足社会的根本。不诚信的商人，是不可能有大发展的。

王永庆认为，只要经营者对自己的工作倾注了热情，就一定会有回报。就像一个人经营着一个小小的面摊，如果他只是想赚取糊口的利润，对一切马马虎虎，他的生意肯定不会有多好。但如果经营者对自己的事业有热忱的话，就会询问顾客用餐后的感觉。假如有人称赞汤面味道可口，有人说盐味或辣味太重，有人说甜味太浓，等等，作为经营者就应该认真分析其中的原因，这样你的汤就有了标准，生意也会好很多。相反，如果经营者对顾客的感受不闻不问，固守陈规，便无发展可言。

经营者在追求利润的时候，绝不能只想着个人的利益，还必须从更大的范围来考量自己工作的成绩。经营者不能将自己的利益建立在对他人或

对社会的损害之上，一个人只有承担起作为公民应有的责任，才能保有自己做人的价值。无论在什么岗位，一个人都应该在那个岗位上兢兢业业地工作，为社会做出应有的贡献。

随着自己的事业越做越大，王永庆更加深刻地体会到自己刚踏入社会时所得到的经验与教训，那就是顾客至上，以诚待人，不赚取暴利，但也绝不做亏本的生意。

正是因为经历过以前普通人难以想象的艰苦生活，所以王永庆在一步步经营自己的事业时，总是抱着平凡诚实的心态，也总是坚持恪守信用、一诺千金的做人准则，而没有在追求财富的过程中迷失自己。

从我做起，树立榜样

王永庆语录：经营企业首先要有节俭的精神，这便是根。经营管理讲究成本，不节俭，物料就会浪费，当主管的要有这种认识，才会提高警觉，避免人、事、物的不合理。不合理的现象就是浪费。

白手起家的第一代往往是因为缺乏各种条件，要接受众多现实境况的折磨，同时感觉如果自己不格外努力就根本没有出头的日子，因此辛辛苦苦地经营，创立了良好的基础。第二代、第三代如能对此基础善加运用，要谋成就必然比第一代容易。但事实往往相反，平顺安逸的生活环境，反而可能销蚀人奋斗向上的志气。第二代就比第一代弱，第三代就更糟了。

中国有句老话，叫“富不过三代”。那是因为经历过艰苦奋斗的父辈们，为了不让孩子们经历自己遭受过的挫折，尽力给他们提供最好的条件，而这无疑将孩子们变成了温室里的花朵，从而缺乏克服困难的勇气。作为一个庞大家族企业的掌门人，王永庆对此有着深深的顾虑，并时时不忘以身作则，给后辈们树立一个节俭朴实的好榜样。

虽然在普通人的眼中，那些身家过亿的大富翁可能过着挥金如土的生活，可说出来大家也许有些不相信，王永庆的节俭却到了令人难以置信的地步。据说王永庆喝咖啡的方式就颇有些特别，他会先将奶精打开，将奶精倒入咖啡杯中，再用小汤匙舀一点咖啡放入奶精盒中，轻轻地涮一涮，再倒回杯中。糖包也是先撕开一角，倒入一半，将剩下的递给邻座，顺便交代他不必再撕开新的糖包了。

王永庆招待客人时，也不会在外面的餐厅请客，大多选在台塑的招待所里，因为这样可以节约不少开销。而且用的是中菜西吃的方法，这样既卫生又避免浪费。如果客人拿的菜太多吃不完的话，就会被要求打包带回去。而如果发生这样的情形，客人会觉得很不好意思，所以一般人都会适量取菜，不会发生浪费的情形。

据说，王永庆曾经到厨房检查，还教导厨子在汤开了后，就应立即把火关小，若是继续使用大火，那就是浪费瓦斯。

节约能源，杜绝浪费，在地球资源越来越短缺的今天，尚可理解，可是他在某些方面的“斤斤计较”却有些叫人“不可思议”了。有一次，王永庆因为坚持锻炼，成功地缩小了腰围，就连平常穿的西装都显得又宽又松了。王夫人请来裁缝到家里为他量尺寸，裁缝还以为他要做几套新西装呢！哪知王永庆二话不说，就从衣柜里拿出了五套旧西装，要师傅只是把腰身改小就行了。他说：“旧西装不过只是松了一点，料子还好得很，何必浪费钱呢?”

这事很快就成了报纸上的新闻。

像这样的事例还有很多。譬如王永庆家里用的肥皂，即使用到很小时也不会丢掉，而是将它黏在大块的新肥皂上，继续使用。在台塑，工人戴的手套如果掌心磨破了，王永庆就会要求他们将手套换到另一只手上，这样有洞的地方就到了手背上，又可以继续使用。又如，据说王永庆每天练习毛巾操时用的毛巾竟然用了20年都没有换过。

早年王永庆出差一律搭乘飞机的经济舱，有一次被空姐发现了，她觉得怎么能让这位赫赫有名的大富翁屈就于经济舱呢?于是上前请王永庆去

商务舱就座。在空姐的坚持之下，王永庆只好改乘商务舱。后来，王永庆为了不再引起空服人员的困扰，只好改坐头等舱，而且他一上飞机就会休息，以便一下机就能马上投入到工作中去。

王永庆不仅自己节俭，而且要求自己的员工也保持勤俭节约的习惯。台塑的员工出差时，一律住在各厂区营业处的招待所，吃住全在里面解决，既可以省钱，又方便处理公事。王永庆在美国新泽西州有一幢高级住宅，内有网球场、游泳池等设施，十分方便。每当有员工出差到美国当地，王永庆便指定他们在这里住宿，这样可以节约一笔不小的酒店费用呢！

台湾地区并不是一个资源丰富的地方，王永庆认为，台湾人没有浪费的条件，对浪费的人他也极不欣赏。早年的台湾，由于经济不发达，人们处处要想着尽量节约。后来，随着台湾经济的快速发展，人们的观念不知不觉地起了变化。

以前在欧美国家住旅馆时，人们一般会拿一美元的小费，而在台湾地区则只需用新台币十元即可。可是后来情况有了很大的不同，在外国只需付两美元小费就算不错了，而台湾地区则差不多要付新台币200元。这虽然只是一件小事，而且小费付多少，完全是出于自愿。可王永庆认为，这反映了台湾人观念的某些变化，人们花钱的方式较以前更浪费了。

王永庆曾多次教导下属杜绝奢靡之风，但是发觉效果并不大，便对自己的管理人员提出了严厉的批评：“我认为经营管理阶层对此仍一无感觉，也谈不上反省。到了今天，此一错误的观念不但无任何改善，更恐因为有了一些小小的成就而导致放松，则问题不但仍然存在，恐怕更加严重。”

王永庆认为台湾人已经将以前节俭的传统丢弃了大半，普遍的浪费造成物价过于昂贵，而且大部分人觉得，只要有了物质享受，生活水准提高了，生活就会很满足。台湾地区城市的大街小巷里，各种餐馆、咖啡店林立，而且每家都生意兴隆。而在那些先进国家，大多数人会在晚间留在家里与家人共享和谐宁静的家庭生活，人们的生活并不喧闹，较为有规律，

整个社会也较有一种文化与精神的品质在里面。

王永庆很欣赏加拿大人的简朴生活，在那里，百万富翁与普通人的生活几乎没有两样，人们享受宁静的家庭生活，有时间会去旅行看世界，从不将钱花在奢侈的吃用方面。而在台湾地区，很多人认为带一家子上饭馆吃饭就是一种享受。面对这种情况，王永庆痛心疾首，认为应该洗心革面大大检讨。

王永庆曾说："从事企业首先要有节俭的精神，这便是根。经营管理讲究成本，不节俭，物料就会浪费，当主管的要有这种认识，才会提高警觉，避免人、事、物的不合理。不合理的现象就是浪费。"

有一次，王永庆谈到自己在马尼拉的见闻时说："南洋的华侨经过一番受苦、节俭、努力才有了成就，而后在马尼拉闹市区的大马路边筑有富丽堂皇的华人坟墓，坟墓周围则是贫民窟，房子破破烂烂，和华人坟墓的气派形成强烈的对比，令人侧目，结果影响了华侨在当地生根发展。"

精打细算，节俭朴实，对一个巨富来说，是不容易做到的。王永庆常常告诫自己的下属，即使自己有所成就，也千万不要忘记过去经历过的苦楚，要在内心深处保持谦卑，在行事上更加忠厚，时时念着困苦的过去，不要忘记自己的本分。

取之有道，用之有方

王永庆语录：假如有一天钱赚得够多了，你就会感觉到钱实在是很没有用处。

许多中小企业家往往将赚钱当成自己的头等大事，而一旦手头宽裕，就想着自己享受，以补偿工作的辛苦。持这种观点的人，到头来很难将自己的事业做大，因为狭隘的金钱观必将影响到个人对社会的看法。

虽然我们不能要求每一个大富豪都像沃伦·巴菲特那样，成为财富哲学家，但绝大多数拥有上亿元资产的富翁们，如果不想让金钱成为影响自己及家人幸福生活的因素，就必须对此多加小心。

王永庆是一路从极为穷困的境况中打拼出来的，他对财富的看法，比他人来得更深切。他认为金钱对那些需要它的人来说，是非常重要的，而对那些拥有财富的人来说，其个人的需求其实十分有限，甚至显得无用。所以，为什么不用那些对自己“没用”的金钱，去做一些对他人有用的事情呢？

多年来，王永庆致力于兴办非营利事业，先后成立了明志工专、长庚纪念医院、生活素质研究中心等，并将台塑的成功经验运用于这些事业体的管理上，取得了良好的效果。

著名的长庚纪念医院，可说是王永庆在回馈社会、兴办公益事业方面的大手笔。而且对如何办好私立医院，王永庆也有自己独到的见解。他认为，多数自行开设的医院，因为受限于资源及人力不足，医疗服务水准的提升也受到限制，在医疗服务的提供及经营上，都有力不从心之感，必须开设开放式的医疗中心，而那些小型医院则转而为那些社区内的病人提供服务。这样一来，医生与病人之间能够相互了解，就像其做健康服务的家庭医师一样，从事一般性的诊察工作；当病人的身体需要做全面的检查及进行手术时，则转到开放的医疗中心，接受开放医院所提供的护理及技术服务。只有这样，才能让不同规模的医院承担起各自不同的医疗责任，而病人也会根据不同的需要，接受不同品质的医疗服务。此外，私立医院认真服务病人，也可以在实际工作中积累经验，若有机会参与到开放式医院中来，则可能利用已有的各种新颖设备来增进医疗效果，同时注意吸收医学新知，从而有助于医疗技术水准的提升。

王永庆认为，公立医院普遍不如私立医院，究其原因多是因为体制。那些自行开设医院的医师每逢病人发生紧急病情时，往往不论三更半夜地前去诊治，将自己的所有时间都交与病人，其心力上的付出，绝非一般的

局外人所能体会与了解。在此情况下，若能推动开放式的大型医院更为规范，而将小型医院转为诊所，那么就可扭转台湾当下自行开设的小型医院居多，而公立及财团法人开设的中大型医院占少数的情形。

王永庆对医疗事业的见解，绝不是泛泛而谈，而是倾注了极大精力的研究成果。如若不是真正关心民众的生活，一个实业家可能不会花这么大的精力来观察与分析和自己没有切身利益的社会现象。

虽然大富豪们常常说，金钱不过是一个数字，早已经失去了实际的意义，可是对普通人来说，这种感觉多少是不可捉摸与体会的。但有一样是可以理解的，那就是金钱可以让人做一些别人做不到的事情。而那些有社会责任心的企业家，会将金钱用来回馈社会，取信于民，而这也是其获得良好社会声誉的途径。

做事要一丝不苟

王永庆语录：对自己的要求越高，就越能感觉到自身的不足之处。

作为一个管理者，应该做决策性的工作，将具体的事物交给下属去办，而不必事必躬亲。可是，这并不意味着把事情交给下属之后，管理者就可以高枕无忧地不闻不问了，管理者还必须花时间做好各项监控工作，对每一件事情都要追问到最根本的细节。

王永庆对每一件事情都采取一丝不苟的态度，习惯把每一件事情都追问到最根本处。他认为，很多管理书上提及的欧美企业管理方法，在很大程度上并不适合台湾企业。欧美企业的历史悠久，各种管理都已达到了合理化、制度化、标准化，因此企业负责人就可以只作政策性的决定，而将

事务性的工作交给部门办理，管理者也不必把所有的事情都记在心里，每天只需对着计算机下达命令即可。但是在发展中国家，企业的整套管理和经营还没有达到这个水平，如果负责人不做好监控，不追根究底地追问细节，那么企业就不可能做到合理化，也不可能有长足的发展。

有一次，王永庆和一名年轻的日本社长洽谈生意。他问社长说：“你们公司一共有多少个部门，每个部门每年的实际支出和收益大概是多少?”那位社长说：“我不知道，我对管理比较专业。一般来说，我只决定大的政策，这些小的事务，我一般不会插手。您稍等一下，我请各部的部长和课长来回答您的问题。”王永庆听完就很不高兴，委婉地拒绝了这笔生意。在他看来，一个企业的最高管理者连这些基本的企业状况都不清楚，这个企业的发展是不会好的。因此，台塑也不会选择这样的合作伙伴。从这个事例不难看出王永庆一丝不苟的做事态度。

还有一次，一家保险公司派工作人员到台塑跟王永庆对保。因为王永庆是台湾的名人，当面见过他的人虽然不多，但由于他经常在报纸、杂志、电视等各大媒体露脸，很多人都认识他，这名工作人员也不例外。当他找到王永庆之后，就直接请他在对保单上签字盖章。对保员本以为这件事就此完成，可没想到第二天，王永庆就打电话给这家保险公司的经理说，昨天的对保工作不算数，原因是对保人员没有核对他的身份证，手续不全，所以请保险公司再次派人对保。王永庆这种认真的态度感染了台塑的每一位员工。后来，凡是台塑的员工出门办事都会巨细靡遗地处理好各个细节。

真正成功的商人和创业者，无论做任何事都会讲究效果的最优化。他们会把制订计划、执行计划、评估计划等各个阶段都做到心中有数。创业经营从来来不得半点马虎，所有的经营者都必须勤劳诚恳、脚踏实地地关心工作中的每一个细节，将工作做到极致。

凡事需要追根究底

王永庆语录：只要肯花心思把事情做好，自然就必须深入探讨事务的本源，这是做事的不二法门。

王永庆具有一种“追根究底”的精神，也就是说对问题不追究到水落石出，绝不罢休。

王永庆以木材起家，因塑胶而发迹。他早年的木材生意，都是向林场采购原木，经过简单加工再转售出去。那些待售的原木，林场为了避免因干燥而导致木材龟裂，全都浸泡在大水池里面。

当时台湾木材商采购原木的做法是：到林场里先用长竹竿在水池中探测浸泡原木的数量，再用肉眼辨别原木的树种（原则上可分为针叶木与阔叶木，前者价高，后者价低）与品质（判别原木完好与龟裂程度），再填写标书向林场投标，最后由最高价者中标，购得原木。

由于大部分的原木都浸泡在水里面，光用竹竿去评估其数量，经常造成很大的误差，再加上海根原木价格昂贵，动辄数十万元，因而投标的风险很大，大家各凭经验与本事，有人赚也有人亏。无论如何，“赌”的味道很浓。

有一次，王永庆向嘉义的阿里山林场标购原木，结果出乎同行意料之外，王永庆所标的价格虽然高出其他同行甚多，却因购得那一池原木而赚了很多钱。同行们都大惑不解，到底他用了什么方法，能够把那一池的原木数量估算得那么准确。

原来王永庆在招标截止的前一天晚上，趁着月黑风高，悄悄地跳入水池中，花了一晚上的时间，把水池里原木的数量点得一清二楚，所以，第二天他才能报出合理价格中标，因此也狠狠赚了一把。

在夜晚潜入浸泡原木的水池中清点原木数量，极为危险，但王永庆为了追根究底，查得清清楚楚，勇敢地冒此危险，为常人之不敢为，所以才会成功。

王永庆曾说：“经营管理，成本分析，要追根究底，分析到最后一点，我们台塑就靠这一点吃饭。”

台湾前“经济部门”负责人赵耀东说：“啊！王老板（指王永庆）的追根究底功夫真让人钦佩，被王老板看上的问题，不到水落石出，绝不罢休，这是王老板经营企业最成功之处。”

那么，何谓经营管理的“追根究底”呢?那就是日本行之数十年，对提高经营绩效极有助益的“原流方法”。所谓“原流方法”就是，凡事遇到问题或发生异常都要深入分析，并且追究问题的本源。就好像河川的流水混浊了，我们要探求它的原因，必须溯流而上，一直追到河川的源头，才能真正排除异常，解决问题一样，所以叫做“原流方法”。

王永庆说：“所谓‘追根究底’也好，‘原流方法’也好，本来就是处事的真理原则。只要肯花心思把事情做好，自然就必须深入探讨事务的本源，这是做事的不二法门。”

经营管理要进行“追根究底”，必须从根源处去追求。王永庆以一棵树为例来说明：树的上面有树干与枝叶，下面有根，中有大根与中根，连接中根的还有许多细根。树的生长是靠细根吸收养分，经中根、大根至整棵树，才能自然地成长。冬天来临时，叶落满地，但是因为有根部供给养分，春天一到，即再生树叶而绿意盎然。人们最注意的，往往是茂盛的枝叶，而忽略了最重要的根部。

王永庆的意思是，一棵树要长得枝繁叶茂，必须从看不见与容易被忽略的根部去下工夫；经营管理要做得好，也必须从平常看不见与容易被忽略的根源处去追求。

他说：“我们做事应该和树有细根一样，必须从根源处着手，才能理出头绪，使事务的管理趋于合理化。”

王永庆为了强调经营管理必须从最辛苦而又乏味的基础工作着手，

他又举盖房子与建桥梁来说明。无论盖高楼大厦，还是建一座桥梁，基础是最费工、最花钱的工程。等到大厦或桥梁完成，最费工与最花钱的基础却都看不到了，只能看见大厦的上层和桥梁的表面，人们称赞的也是这些外在看得见的部分，没有人会想到基础。哪一天发生洪水、地震，有的塌了，有的倒了，才知道基础的重要。

总之，王永庆认为，基础工作最容易被轻视与忽略，最费精神、辛苦而乏味，却是经营管理最重要的一环。

其实，王永庆一而再、再而三强调的“追根究底”，是来自古代四书之一的《大学》所训示的“知止”与“止于至善”。

王永庆曾说：“我这一生深深感觉，中国的哲学里，一句可以终生利用的话，就令人受益无穷。譬如说‘大学之道，在明明德，在亲民，在止于至善’，还有‘知止而后能定，定而后能静，静而后能安，安而后能虑，虑而后能得’。要追求‘止’，即是根源，若未能追根究底，建立起一个道理的话，基础便不稳固，所以‘在止于至善’，由‘止’建立基础，才能达到至善，才能定、静、安、虑、得。”

王永庆更以选择工作为例，深入浅出地解说“知止”、“定、静、安、虑、得”及“止于至善”的道理所在。在选择工作时，如果彻彻底底了解了工作的实质意义所在，自然就明白自己应该从事哪一种工作，以及应该以什么样的态度工作。同时，基于彻底的了解所作的选择才会坚定，不致因为客观因素的有利或不利，或者因为别人的褒贬而产生犹豫或信心动摇，这就是《大学》所说的“知止而后能定”。心定之后才能静，才能安于自己所从事的工作，进而在本职的工作上可以运用思维，不断地改善、求进步，最后终能将事情的处理做到“至善”的境界，这就是“定、静、安、虑、得”一贯的道理所在。

综上可知，王永庆从《大学》之中撷取了古人的智慧，而后加以发扬光大，活用于经营管理上，从而缔造了他庞大的企业王国。